ATENDIMENTO À POPULAÇÃO EM SITUAÇÃO DE RUA

SBMFC Sociedade Brasileira de Medicina de Família e Comunidade

ATENDIMENTO À POPULAÇÃO EM SITUAÇÃO DE RUA

EDITORES
Marco Túlio Aguiar Mourão Ribeiro
Ugo Caramori
Lucas Eliel Beserra Moura
Andrea Taborda Ribas da Cunha
Tatiana Monteiro Fiuza

manole
editora

Editora: Cristiana Gonzaga S. Corrêa
Projeto gráfico: Departamento Editorial da Editora Manole
Diagramação: Elisabeth Miyuki Fucuda
Ilustrações: Luargraf Serviços Gráficos
Capa: Departamento de Arte da Editora Manole
Imagem da capa: freepik.com

CIP-BRASIL. CATALOGAÇÃO NA PUBLICAÇÃO
SINDICATO NACIONAL DOS EDITORES DE LIVROS, RJ

A885

Atendimento da população em situação de rua / coordenação Marco Túlio Aguiar Mourão Ribeiro ... [et al.]. - 1. ed. - Barueri [SP] : Manole, 2025.

Inclui bibliografia
ISBN 9788520460825

1. Medicina social. 2. Saúde pública. 3. Pessoas desabrigadas - Aspectos sociais. I. Ribeiro, Marco Túlio Aguiar Mourão.

25-97207.0 CDD: 305.5692
CDU: 316.35-058.51

Gabriela Faray Ferreira Lopes - Bibliotecária - CRB-7/6643

Edição – 2025

Editora Manole Ltda.
Alameda Rio Negro, 967 – cj. 717 – Alphaville
06454-000 – Barueri – SP – Brasil
Fone: (11) 4196-6000
www.manole.com.br | https://atendimento.manole.com.br/

Impresso no Brasil
Printed in Brazil

Organizadores

Marco Túlio Aguiar Mourão Ribeiro

Graduação em Medicina pela Universidade Federal de Minas Gerais (UFMG). Médico de Família e Comunidade Titulado pela Sociedade Brasileira de Medicina de Família e Comunidade (SBMFC). Geriatra Titulado pela Sociedade Brasileira de Geriatria e Gerontologia (SBGG). Mestre em Saúde Pública e Doutor em Saúde Coletiva pela Universidade Federal do Ceará (UFC). Pós-doutorado pela Escola Nacional de Saúde Pública da Universidade NOVA de Lisboa (ENSP NOVA). Docente do Departamento de Saúde Comunitária da Faculdade de Medicina da UFC. Docente e Coordenador do Internato de Saúde Comunitária, Preceptor e Supervisor do Programa de Residência de Medicina de Família e Comunidade. Docente dos Programas de Pós-graduação – Mestrado Profissional – de Saúde da Família – RENASF/PROFSAÚDE/Fiocruz-CE e do Programa de Pós-graduação (Mestrado e Doutorado) em Saúde Coletiva da UFC. Desenvolve ensino, pesquisa e extensão na atenção domiciliar na Atenção Primária à Saúde (APS); saúde do idoso e formação em Saúde, educação médica e de profissionais da área de saúde.

Lucas Eliel Beserra Moura

Médico de Família e Comunidade pela Secretaria Municipal de Saúde de Fortaleza, com formação complementar em Cuidados Paliativos e Saúde Mental. Pós-graduação em Geriatria e Gerontologia pelo Centro Universitário Christus (Unichristus). Mestre em Ciências Médicas pela Universidade Federal do Ceará (UFC). Professor e Coordenador na UFC e na Unichristus. Preceptor no Programa de Residência em Medicina de Família e Comunidade (UFC-ESP-SMS Fortaleza).

Ugo Caramori

Médico de Família e Comunidade. Especialista em Administração em Saúde. Mestre e Doutorando em Ensino em Saúde pela Universidade Estadual de Campinas (Unicamp). Médico Assistente de Ensino no curso de Medicina e na Residência em Medicina de Família e Comunidade da Faculdade de Ciências Médicas da Unicamp. Médico no Consultório na Rua de Campinas.

Andrea Taborda Ribas da Cunha

Médica de Família e Comunidade pela Pontifícia Universidade Católica do Paraná (PUC-PR). Mestre em Saúde da Família pela Universidade Federal do Rio Grande do Norte (UFRN). Doutoranda em Clínica Médica pela Universidade Estadual de Campinas (Unicamp). Docente do curso de Medicina da Universidade Federal Rural do Semi-Árido (UFERSA) e Universidade do Estado do Rio Grande do Norte (UERN).

Tatiana Monteiro Fiuza

Graduação em Medicina pela Universidade Federal de Minas Gerais (UFMG). Médica de Família e Comunidade Titulada pela Sociedade Brasileira de Medicina de Família e Comunidade (SBMFC). Pediatra e Hebiatra Titulada pela Sociedade Brasileira de Pediatra (SBP). Mestre em Saúde Pública e Doutora em Saúde Coletiva pela Universidade Federal do Ceará (UFC). Pós-doutoranda pela Escola Nacional de Saúde Pública da Universidade NOVA de Lisboa (ENSP NOVA). Docente do Departamento de Saúde Comunitária/Faculdade de Medicina da UFC. Docente na Graduação, Internato de Saúde Comunitária. Preceptora do Programa de Residência de Medicina de Família e Comunidade. Docente dos Programas de Pós-graduação (Mestrado e Doutorado) em Saúde Coletiva da UFC. Desenvolve ensino, pesquisa e extensão em populações vulnerabilizadas; saúde da criança e do adolescente na Atenção Primária à Saúde (APS).

Autores

Amanda Monteiro do Nascimento Casado

Graduação em Medicina no Centro Universitário Christus (Unichristus).

Ana Karoline Pereira Barros

Graduação em Medicina no Centro Universitário Christus (Unichristus).

Andrea Taborda Ribas da Cunha

Médica de Família e Comunidade pela Pontifícia Universidade Católica do Paraná (PUC-PR). Mestre em Saúde da Família pela Universidade Federal do Rio Grande do Norte (UFRN). Doutoranda em Clínica Médica pela Universidade Estadual de Campinas (Unicamp). Docente do curso de Medicina da Universidade Federal Rural do Semi-Árido (UFERSA) e Universidade do Estado do Rio Grande do Norte (UERN).

Átila Mourão Lima

Bacharel em Medicina pela Universidade Federal do Estado do Rio de Janeiro (UNIRIO). Especialista em Medicina de Família e Comunidade pela Universidade do Estado do Rio de Janeiro (UERJ). Mestre em Atenção Primária à Saúde pela Universidade Federal do Rio de Janeiro (UFRJ). Médico Preceptor do Programa de Residência de Medicina de Família e Comunidade (PRMFC) da UERJ.

Bárbara Chaves Alves de Oliveira

Graduação em Medicina pelo Centro Universitário Christus (Unichristus). Residência Médica em Medicina de Família e Comunidade pela Escola de Saúde Pública do Ceará (ESP-CE). Residente em Medicina Paliativa pelo Hospital Universitário Walter Cantídio/Universidade Federal do Ceará (HUWC-UFC). Especializanda em Preceptoria em Medicina de Família e Comunidade pela Faculdade Moinhos de Ventos (FACSMV).

Carolina Maria Meneses Cunha

Graduação em Medicina no Centro Universitário Christus (Unichristus).

Clara Luiza Chaves de Oliveira

Graduação em Medicina pelo Centro Universitário Facisa (Unifacisa). Membro do Comitê Permanente de Educação Médica da IFMSA Brazil-Unifacisa. Membro da Liga de Geriatria e Gerontologia da Paraíba.

Esequiel Pagnussat

Psicólogo e Mestre em Psicologia pela Pontifícia Universidade Católica do Rio Grande do Sul (PUC-RS). Especialista em Saúde da Família e Comunidade. Doutorando em Psicologia pela Universidade Federal do Rio Grande do Norte (UFRN). Professor do curso de Psicologia da Universidade Católica do Rio Grande do Norte (UniCatólica).

Everaldo Campos Sales

Médico pela Universidade Federal do Ceará (UFC).

Gabriella de Andrade Boska

Enfermeira pela Universidade Estadual do Centro-Oeste (UNICENTRO-PR). Especialista em Saúde Mental com ênfase em Álcool e outras Drogas pelo Programa de Residência Multiprofissional da Escola de Enfermagem da Universidade de São Paulo (EEUSP). Doutora em Ciências da Saúde pela EEUSP. Professora Adjunta na Escola de Enfermagem da Universidade Federal do Rio Grande do Sul (UFRGS). Pesquisadora no Grupo de Estudo e Pesquisa em Enfermagem Psiquiátrica e Saúde Mental (GEPESM-UFRGS), Grupo de Estudos e Pesquisas em Álcool e outras Drogas (GEAD-EEUSP) e no Mental Health and Addiction Research Lab (ESEL, Portugal). Editora Associada na Revista Gaúcha de Enfermagem. Coordenadora de Gestão da Rede de Atenção Psicossocial no Departamento de Saúde Mental, Álcool e outras Drogas do Ministério da Saúde (DESMAD/MS).

Gabriel Liberato

Psicanalista. Graduação em Psicologia pela Universidade Federal de Campina Grande (UFCG). Mestre em Ciências Sociais e Humanas pela Universidade do Estado do Rio Grande do Norte (UERN). Doutorando em Psicologia pela Universidade Federal do Rio Grande do Norte (UFRN). Docente da Pós-graduação na Universidade Católica do Rio Grande do Norte (UniCatólica).

Gilson Fernandes Soares

Graduado em Medicina pela Universidade Federal de Campina Grande (UFCG). Médico de Família e Comunidade.

Helena Fiuza Aguiar Ribeiro

Graduação em Medicina no Centro Universitário Christus (Unichristus).

Isabela Porto Pinheiro Marques

Graduação em Medicina no Centro Universitário Christus (Unichristus).

Jayane Moura Ribeiro

Médica pela Universidade Federal do Ceará (UFC). Médica de Família e Comunidade pela Escola de Saúde Pública de Fortaleza (ESP-For). Mestranda em Saúde da Família pela Fiocruz/CE.

José Ícaro Silva

Médico pela Universidade Federal Rural do Semi-Árido (UFERSA). Médico Residente em Medicina de Família e Comunidade pela Escola Multicampi de Ciências Médicas da Universidade Federal do Rio Grande do Norte (EMCM-UFRN).

José Vanilson Torres da Silva

Coordenador do Movimento Nacional População de Rua (MNPR) no Rio Grande do Norte. Conselheiro Nacional de Saúde pelo MNPR. Membro Convidado do Comitê Intersetorial de Acompanhamento e Monitoramento da Política Nacional para a População em Situação de Rua (CIAMP-Rua). Viveu 27 anos nas ruas de Natal, RN.

Julia Cindy Menezes da Costa

Graduação em Medicina pelo Centro Universitário Christus (Unichristus).

Kiara Ferreira Gomes Maciel

Graduada em Medicina pelo Centro Universitário Christus (Unichristus). Médica de Família e Comunidade pela Secretaria Municipal de Saúde de Fortaleza (SMS-Fortaleza). Pós-graduação em Atenção Primária à Saúde pela Escola de Saúde Pública do Ceará (ESP-CE). Membro do Laboratório de Pesquisa em Atenção Primária à Saúde (LAPIS). Professora dos cursos de Medicina da Universidade Federal do Ceará (UFC), Unichristus e Estácio Idomed Canindé.

Lívio Martins Lousada

Graduação em Medicina pelo Centro Universitário Christus (Unichristus).

Lohana Pontes Machado

Médica de Família e Comunidade pela Escola de Saúde Pública do Ceará (ESP-CE). Administração em Saúde pela Universidade do Estado do Rio de Janeiro (UERJ). Coordenadora da Residência de Medicina de Família e Comunidade do Canindé. Professora da Graduação de Medicina da Faculdade Estácio de Sá. Membro da Rede Nacional de Médicas e Médicos Populares.

Lorena Passos Queiroga

Graduação em Medicina pelo Centro Universitário Christus (Unichristus).

Lucas Eliel Beserra Moura

Médico de Família e Comunidade pela Secretaria Municipal de Saúde de Fortaleza, com formação complementar em Cuidados Paliativos e Saúde Mental. Pós-graduação em Geriatria e Gerontologia pelo Centro Universitário Christus (Unichristus). Mestre em Ciências Médicas pela Universidade Federal do Ceará (UFC). Professor e Coordenador na UFC e na Unichristus. Preceptor no Programa de Residência em Medicina de Família e Comunidade (UFC-ESP-SMS Fortaleza).

Lucas Oliveira Sibellino

Médico pela Universidade Estadual do Ceará (UECE). Residente em Medicina de Família e Comunidade pela Universidade Federal do Ceará (UFC).

Marco Túlio Aguiar Mourão Ribeiro

Graduação em Medicina pela Universidade Federal de Minas Gerais (UFMG). Médico de Família e Comunidade Titulado pela Sociedade Brasileira de Medicina de Família e Comunidade (SBMFC). Geriatra Titulado pela Sociedade Brasileira de Geriatria e Gerontologia (SBGG). Mestre em Saúde Pública e Doutor em Saúde

Coletiva pela Universidade Federal do Ceará (UFC). Pós-doutorado pela Escola Nacional de Saúde Pública da Universidade NOVA de Lisboa (ENSP NOVA). Docente do Departamento de Saúde Comunitária da Faculdade de Medicina da UFC. Docente e Coordenador do Internato de Saúde Comunitária, Preceptor e Supervisor do Programa de Residência de Medicina de Família e Comunidade. Docente dos Programas de Pós-graduação – Mestrado Profissional – de Saúde da Família – RENASF/PROFSAÚDE/Fiocruz-CE e do Programa de Pós-graduação (Mestrado e Doutorado) em Saúde Coletiva da UFC. Desenvolve ensino, pesquisa e extensão na atenção domiciliar na Atenção Primária à Saúde (APS); saúde do idoso e formação em Saúde, educação médica e de profissionais da área de saúde.

Maria Clara Porto Caminha de Castro e Alencar

Graduação em Medicina pelo Centro Universitário Christus (Unichristus).

Maria Gabriela Curubeto Godoy

Médica de Família e Psiquiatra. Professora do Bacharelado em Saúde Coletiva e da Residência Integrada Multiprofissional em Saúde Coletiva da Universidade Federal do Rio Grande do Sul (UFRGS). Coordenadora do Grupo de Pesquisa e Extensão Passa e Repassa sobre Políticas Públicas para a População em Situação de Rua.

Matheus Corrêa Félix

Graduação em Medicina pelo Centro Universitário Christus (Unichristus).

Matheus Rios Silva Santos

Psicólogo pela Universidade Estadual de Feira de Santana (UEFS). Mestre e Doutorando em Psicologia pela Universidade Federal do Rio Grande do Norte (UFRN). Apoiador do Movimento Nacional da População de Rua em Feira de Santana, BA, e Natal, RN.

Melyssa Maria Fernandes da Rocha Nunes

Graduação em Medicina pelo Centro Universitário Christus (Unichristus).

Monika Dowbor

Doutora em Ciência Política pela Universidade de São Paulo (USP). Professora do Bacharelado e do Programa de Pós-graduação em Saúde Coletiva da Universidade Federal do Rio Grande do Sul (UFRGS). Co-coordenadora do Grupo de Pesquisa e Extensão Passa e Repassa sobre Políticas Públicas para a População em Situação de Rua. Pesquisadora do Centro Brasileiro de Análise e Planejamento (Cebrap) e Membro do Comitê Gestor do INCT-Participa.

Raoul Costa Praciano Sampaio

Graduação em Medicina pelo Centro Universitário Christus (Unichristus). Residência Médica em Medicina de Família e Comunidade e em Administração em Saúde pela Escola de Saúde Pública do Ceará (ESP-CE). Especializando em Preceptoria em Medicina de Família e Comunidade pela Faculdade Moinhos de Ventos (FACSMV).

Raquel Matoso Freire

Graduação em Medicina pela Universidade Estadual do Ceará (UECE). Residência Médica em Medicina de Família e Comunidade pela Universidade Federal do Ceará (UFC).

Raul Palmeira de Castro Silva

Médico pela Universidade Federal do Ceará (UFC). Residente em Medicina de Família e Comunidade pela Secretaria Municipal de Saúde de Fortaleza.

Rubens Torres de Holanda Cavalcante Filho

Médico pela Universidade de Fortaleza (Unifor). Médico de Família e Comunidade pela Escola de Saúde Pública do Ceará (ESP-CE)

Samuel Sombra Franklin Gondim

Graduação em Medicina pelo Centro Universitário Christus (Unichristus).

Talita Gomes Lopes Feitosa

Médica pelo Centro Universitário Christus (Unichristus). Médica de Família e Comunidade pela Secretaria Municipal de Saúde de Fortaleza. Mestre em Ciências Médicas pela Universidade de Fortaleza (Unifor).

Tatiana Monteiro Fiuza

Graduação em Medicina pela Universidade Federal de Minas Gerais (UFMG). Médica de Família e Comunidade Titulada pela Sociedade Brasileira de Medicina de Família e Comunidade (SBMFC). Pediatra e Hebiatra Titulada pela Sociedade Brasileira de Pediatra (SBP). Mestre em Saúde Pública e Doutora em Saúde Coletiva pela Universidade Federal do Ceará (UFC). Pós-doutoranda pela Escola Nacional de Saúde Pública da Universidade NOVA de Lisboa (ENSP NOVA). Docente do Departamento de Saúde Comunitária/Faculdade de Medicina da UFC. Docente na Graduação, Internato de Saúde Comunitária. Preceptora do Programa de Residência de Medicina de Família e Comunidade. Docente dos Programas de Pós-graduação (Mestrado e Doutorado) em Saúde Coletiva da UFC. Desenvolve ensino, pesquisa e extensão em populações vulnerabilizadas; saúde da criança e do adolescente na Atenção Primária à Saúde (APS).

Ugo Caramori

Médico de Família e Comunidade. Especialista em Administração em Saúde. Mestre e Doutorando em Ensino em Saúde pela Universidade Estadual de Campinas (Unicamp). Médico Assistente de Ensino no curso de Medicina e na Residência em Medicina de Família e Comunidade da Faculdade de Ciências Médicas da Unicamp. Médico no Consultório na Rua de Campinas.

Vitor Hugo Paiva de Sousa

Médico pela Universidade Federal do Ceará (UFC).

Sumário

PARTE II – CASOS CLÍNICOS

Prefácio

A atenção à saúde da população em situação de rua é uma questão de saúde pública que desafia não apenas os sistemas de saúde e as políticas públicas de um país, mas também a estrutura social.

Este livro, *Atendimento à população em situação de rua*, busca oferecer um olhar abrangente sobre as complexidades que envolvem o cuidado dessas pessoas, proporcionando ferramentas e conhecimentos essenciais para os profissionais da saúde.

Os desafios enfrentados por pessoas em situação de rua são multifacetados, abrangendo desde a vulnerabilidade social até a falta de acesso a cuidados de saúde adequados. Com uma série de capítulos escritos por especialistas nas mais diversas áreas, este livro visa não apenas informar, mas também inspirar práticas mais humanizadas e integradas no atendimento a essa população.

Nosso objetivo é criar uma referência que ajude os profissionais a entenderem melhor a realidade das pessoas em situação de rua, promovendo um cuidado que respeite suas histórias e necessidades. Agradecemos a todos os colaboradores que contribuíram para a realização deste projeto e esperamos que este livro possa servir como um guia prático e teórico para todos os envolvidos no atendimento a essa população.

Apresentação

Este livro é dividido em duas seções principais: Tópicos Centrais e Casos Clínicos.

Na primeira seção, abordamos os temas fundamentais que cercam a população em situação de rua, incluindo aspectos históricos, epidemiológicos, legislativos e as políticas públicas relevantes. Cada capítulo é escrito por profissionais de saúde que trazem uma visão crítica e reflexiva, oferecendo *insights* sobre como melhorar o atendimento e a integração das equipes de saúde.

A segunda seção é dedicada a casos clínicos que exemplificam as realidades enfrentadas por pessoas que estão em situação de rua. Cada caso/história apresenta uma narrativa que ilustra as complexidades do cuidado, destacando a importância da abordagem interprofissional e intersetorial. Os casos abordam temas como promoção de saúde, multimorbidade, adesão ao cuidado, dependência química, violência e fim de vida.

Esperamos que este livro contribua significativamente para a formação e a prática dos profissionais de saúde que atuam na linha de frente do atendimento à população em situação de rua, promovendo um cuidado mais equânime, integral e efetivo.

Parte I

Tópicos centrais

Capítulo **1**

População em situação de rua no Brasil

Maria Gabriela Curubeto Godoy
Monika Dowbor
Gabriella de Andrade Boska
Átila Mourão Lima
José Vanilson Torres da Silva
Matheus Rios Silva Santos

COMO SURGIU A POPULAÇÃO EM SITUAÇÃO DE RUA NO BRASIL?

A situação de rua é um fenômeno complexo multideterminado, composto por dimensões socioeconômicas, interpessoais e individuais. Relaciona-se historicamente à formação das cidades na transição para o capitalismo, quando fluxos migratórios de camponeses pobres expulsos das terras foram para cidades despreparadas para recebê-los, passando a viver em moradias precárias ou nas ruas.

No Brasil, a situação de rua tem raízes coloniais, cuja base escravocrata e oligárquica constituiu historicamente o processo de desigualdade social e racial vigente no país. Ao final do século XIX, a abolição da escravatura, que não foi acompanhada de nenhum tipo de reparação e inserção social da população liberta, lançou milhares de pessoas negras para as metrópoles da época[1].

A abolição é um dos marcos da questão habitacional brasileira e o início do **processo de favelização**, com a constituição de um processo de segregação socioespacial e racial.

Intensificaram-se, então, as estratégias de controle da circulação dessas populações. Projetos parlamentares de repressão ao ócio surgiram logo após a abolição, e a reformulação do Código Penal, em 1890, endureceu as penas a vadios, incluindo os capoeiras. A vadiagem era uma ameaça à ordem senhorial patriarcal, sendo imputada geralmente a escravizados libertos e brancos pobres, considerados desclassificados sociais[3] (Figura 1).

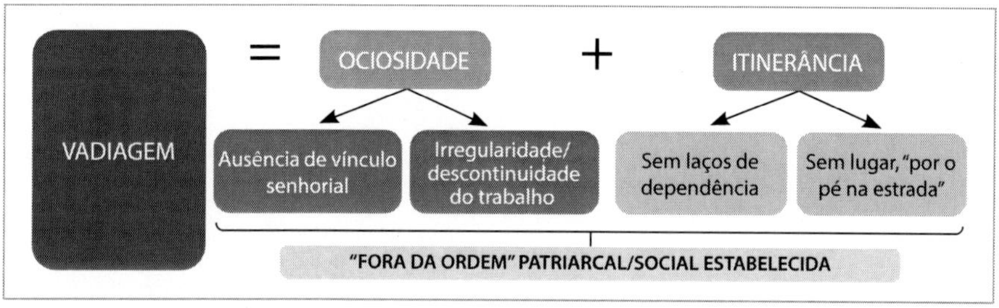

Figura 1 A vadiagem no Brasil colonial.
Fonte: adaptada de Fraga Filho, 1996.

A criminalização da **vadiagem** e da **mendicância** deu-se desde 1830, permanecendo no Código Penal de 1890. Passaram a infração menor na Lei de Contravenções Penais de 1941, ainda vigente. Desde 2009, a mendicância deixou de ser infração, mas a vadiagem ainda é passível de prisão por até 3 meses.

No século XX, o início da industrialização e a mecanização agrícola geraram novas ondas de êxodo rural e um processo de urbanização acelerada e desorganizada das metrópoles brasileiras. A piora das questões habitacionais contribuiu para iniciar ou manter processos de rualização de muitas dessas pessoas ao longo das décadas[2], tornando a situação de rua um fenômeno por vezes transgeracional. Atualmente, com a predominância das populações urbanas sobre as rurais, a situação de rua origina-se principalmente de populações das periferias urbanas pobres[3].

COMO SURGIRAM AS POLÍTICAS PARA A POPULAÇÃO EM SITUAÇÃO DE RUA NO BRASIL?

As ações e políticas que surgiram para a população em situação de rua (PSR) assemelham-se a outras utilizadas para o controle de populações pobres e consideradas indesejáveis, baseadas na repressão e no assistencialismo paliativo (Figura 2). Muitas vezes essas ações atuam de maneira entrelaçada, com a reprodução de controles e punições disciplinares nos espaços assistenciais.

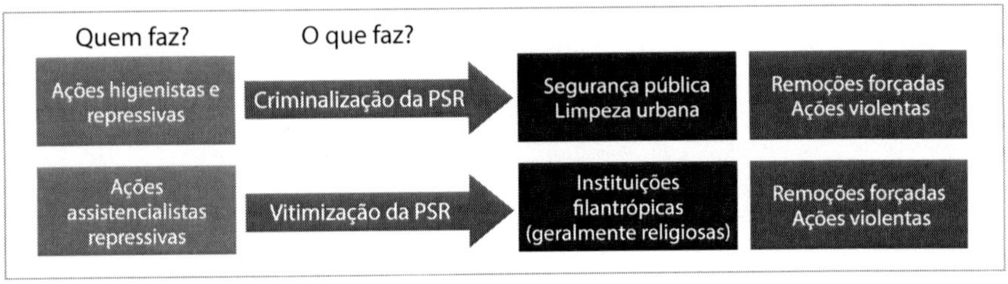

Figura 2 Tipos de ações públicas e privadas voltadas para a PSR desde o período colonial.

Novas tendências baseadas na defesa dos Direitos Humanos e na cidadania da PSR despontaram gradativamente no século XX, intensificando-se na década de 1980, com a redemocratização do país. A promulgação da Constituição de 1988 representou um marco dessas lutas e de novas políticas baseadas em maior justiça social e garantia de direitos da população[4]. A Figura 3 ilustra esse processo destacando marcos importantes na constituição de novas políticas da PSR.

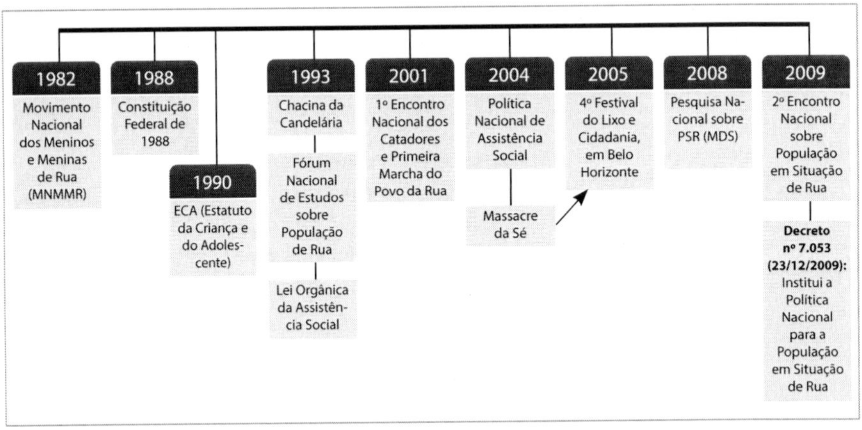

Figura 3 Principais marcos das políticas e movimentos sociais da PSR entre 1982-2009.
Fonte: elaboração dos autores.

Observa-se que os movimentos sociais antecedem e contribuem para o surgimento de políticas da PSR, sendo importantes atores coletivos para vocalizar as suas demandas. Por exemplo, o Movimento Meninas de Rua foi fundamental para a criação do Estatuto da Criança e do Adolescente em 1990. Além dele, o Movimento Nacional da PSR atuou ativamente na elaboração da Política Nacional para a PSR em 2009, conforme detalhado a seguir.

HISTÓRIA DO MOVIMENTO NACIONAL DA POPULAÇÃO DE RUA

O estopim para a criação do Movimento Nacional da População de Rua (MNPR) foi o Massacre da Praça da Sé, ocorrido em São Paulo na noite de 18 para 19 de agosto de 2004, onde sete pessoas foram brutalmente assassinadas a pauladas e oito foram gravemente feridas enquanto dormiam na rua.

> O Massacre da Sé tornou-se um marco, sendo lembrado todos os anos, em 19 de agosto, como o **Dia de (Luto e) Luta da População em Situação de Rua (POP RUA)**.

O massacre gerou grande comoção e mobilização, tanto de pessoas em situação de rua quanto das entidades que atuavam com elas. Urgia a necessidade de criar um movimento baseado nos direitos humanos que lutasse por mais segurança, dignidade e políticas públicas para a PSR. Em 2005, no 4° Festival do Lixo e Cidadania em Brasília – que agregou pessoas em situação de rua, catadores, autoridades, entidades do terceiro setor e universidades de Belo Horizonte, Rio de Janeiro, São Paulo, Bahia e Cuiabá –, foi lançado o Movimento Nacional da População de Rua (MNPR). Assim, um segmento considerado improvável de se organizar criou um movimento que atualmente está presente em 18 estados e no Distrito Federal[*5].

AS PRINCIPAIS CONQUISTAS DO MNPR

A atuação do MNPR contribuiu para a elaboração da Política Nacional para a População em Situação de Rua (PNPSR), instituída pelo Decreto nº 7.053, de 23 de dezembro de 2009. Essa política inclui a criação de Comitês Intersetoriais de Acompanhamento e Monitoramento das políticas para PSR (CIAMP-Rua) em âmbito nacional, estadual e municipal. Ela também propõe o Centro de Referência Especializado para População de Rua (Centro Pop), voltado para o atendimento da PSR no âmbito da proteção social especial do Sistema Único de Assistência Social (SUAS)[6].

---

* Acre, Alagoas, Bahia, Ceará, Espírito Santo, Goiás, Maranhão, Mato Grosso, Mato Grosso do Sul, Minas Gerais, Paraná, Pernambuco, Rio de Janeiro, Rio Grande do Norte, Rio Grande do Sul, Santa Catarina, Sergipe e São Paulo.

O MNPR defendeu a necessidade de atenção integral à saúde da PSR, contribuindo para a ampliação da atuação das equipes itinerantes dos Consultórios de Rua. Lançados em 2010 como parte do Plano Integrado de Enfrentamento ao Crack, esses consultórios voltavam-se mais para ações de redução de danos da PSR com problemas relacionados ao uso de drogas. A pressão de lideranças do MNPR contribuiu para o surgimento dos Consultórios na Rua (eCR), definidos pela Portaria do Ministério da Saúde nº 122, de 25 de janeiro de 2011, ampliando-se o foco para diversas questões de saúde que afetam a PSR no âmbito da Atenção Primária.

A resolução nº 40/2020, que trata do direito das mulheres em situação de rua, pessoas LGBTQIA+, o direito à cidade e o acesso ao sistema de justiça, também contou com a atuação do MNPR junto ao Conselho Nacional de Direitos Humanos (CNDH). Essa resolução subsidiou a Política Nacional Judicial de Atenção a Pessoas em Situação de Rua e suas interseccionalidades (Resolução nº 425/2021), do Conselho Nacional de Justiça, que visa desburocratizar o acesso da PSR à justiça.

A participação de lideranças da PSR foi importante na audiência do Supremo Tribunal Federal (STF), em novembro de 2023, para discutir a Arguição de Descumprimento de Preceito Fundamental (ADPF 976), com desdobramentos importantes e que considera a existência de um estado de coisas inconstitucional concernente às condições desumanas de vida da PSR no Brasil.

O MNPR também defende o programa Moradia Primeiro articulado a políticas intersetoriais de emprego e renda para que a PSR beneficiada com a moradia possa se reestruturar e se manter. Internacionalmente, esse programa tem demonstrado impacto positivo na PSR, sobretudo entre pessoas com transtornos mentais e longo tempo na rua. Recentemente, o Moradia Primeiro entrou na agenda do governo federal tendo o MNPR como principal interlocutor.

DESAFIOS PARA AS POLÍTICAS DA POPULAÇÃO EM SITUAÇÃO DE RUA

Diversos desafios são identificados em pesquisas sobre a efetivação de ações e políticas para a PSR embasadas nos Direitos Humanos. Dentre eles:

INSUFICIÊNCIA DE COBERTURA

QUALIDADE PRECÁRIA DAS OFERTAS

Vagas de acolhimento
Alimentação
Acesso à higiene básica

A insuficiência e precariedade das ofertas são, muitas vezes, minimizadas pelo poder público, gerando a necessidade de constituição de equipes que incluam a PSR e organizações independentes no monitoramento e fiscalização desses serviços. As publicização dessas ofertas também precisa ser sistemática, acessível e compreensível a não especialistas.

Outro desafio envolve a necessidade de maior qualificação de trabalhadores e gestores públicos no reconhecimento da PSR como sujeito político de direitos, de maneira a não reproduzir desigualdades, negação ou até violação de direitos e dificuldades de acesso dessas pessoas a serviços e benefícios[7]. O MNPR defende a inclusão de suas lideranças e demais pessoas em situação de rua como formadores nessas qualificações, fomentando a sensibilização e a aproximação do saber técnico com o saber da rua.

Existem, também, políticas repressivas recorrentes de violação de direitos humanos, como remoções, internações forçadas, expulsão da PSR de locais centrais para periferias pobres ou outras cidades. As remoções consistem na retirada de pertences e objetos da PSR que ocupa os espaços públicos, mas resultam muitas vezes na expulsão violenta dessas pessoas, com descarte e perda de seus documentos, medicamentos e pertences. Tais ações frequentemente alinham-se à "higienização" dos espaços urbanos sob especulação imobiliária, o que reforça a visão discriminatória do poder público em relação à PSR. O MNPR atua como importante denunciador dessas ações truculentas por meio de notícias na imprensa e junto aos órgãos defensores de direitos humanos.

Vale ressaltar que faltam políticas de longo prazo para a garantia de direitos da PSR. As ações e políticas dependem da propensão do partido ou coalizão partidária governante, podendo ser reduzidas, desconstruídas ou adotarem um caráter desrespeitador dos direitos humanos. Por isso, a constituição e a atuação dos CIAMP-Rua são fundamentais para evitar retrocessos. Esses comitês são compostos paritariamente por representantes governamentais de um lado, e representantes de movimentos sociais e entidades da sociedade civil defensores dos direitos humanos da PSR de outro, conforme estabelece o Decreto nº 11.472, de 6 de abril de 2023.

A formulação, implementação e monitoramento de políticas públicas para a PSR devem contar com a inclusão dos representantes dessa população em todas as etapas, reconhecendo o saber popular e o acúmulo político dessas pessoas, conforme diz o principal lema do MNPR:

"NADA SOBRE NÓS, SEM NÓS"

DEFINIÇÃO DO TERMO "POPULAÇÃO EM SITUAÇÃO DE RUA" ADOTADO NO BRASIL

A definição de PSR adotada no Brasil é a da Política Nacional para a População em Situação de Rua[6]:

> "(...) grupo populacional heterogêneo que possui em comum a **pobreza extrema**, os **vínculos familiares interrompidos ou fragilizados** e a **inexistência de moradia convencional regular**, e que utiliza os logradouros públicos e as áreas degradadas como espaço de moradia e de sustento, de forma temporária ou permanente, bem como as unidades de acolhimento para pernoite temporário ou como moradia provisória".

Destaca-se nessa definição que mesmo a população que frequenta espaços de acolhimento institucional (abrigos, casas de passagem, repúblicas) ou utiliza benefícios para pagamento de moradia e hospedagem transitória também integra e deve ser contabilizada como PSR. A saída temporária das ruas não justifica a exclusão dessas pessoas do montante da PSR, pois dificulta o dimensionamento real de oferta de ações e políticas para a mesma.

NÚMERO DE PESSOAS EM SITUAÇÃO DE RUA

A contagem da PSR apresenta diversos desafios e nunca foi incluída nos censos nacionais do IBGE. Desde 2016, houve três estimativas nacionais da PSR realizadas pelo Instituto de Pesquisa e Estatística Aplicada (IPEA), tomando como fonte diversos sistemas de informações e contagens realizadas em cerca de 2 mil municípios a cada ano.

A fidedignidade na compilação dessas informações é limitada pela falta de padronização de suas metodologias, instrumentos e períodos de coleta de dados. Recentemente, com a exigência de monitoramento contínuo da PSR estabelecida pelo STF através da ADPF 976/2023, diversos órgãos públicos se alinharam para sugerir a adoção do Cadastro Único (CadÚnico) como o sistema preferencial para embasar o dimensionamento da PSR no Brasil[3].

Criado em 2001 para identificar pessoas e famílias pobres e possíveis beneficiárias de programas sociais do governo, o CadÚnico passou a englobar informações sobre a população em situação de rua em 2009. No entanto, apenas a partir de 2013 tem-se observado o aumento progressivo da PSR cadastrada.

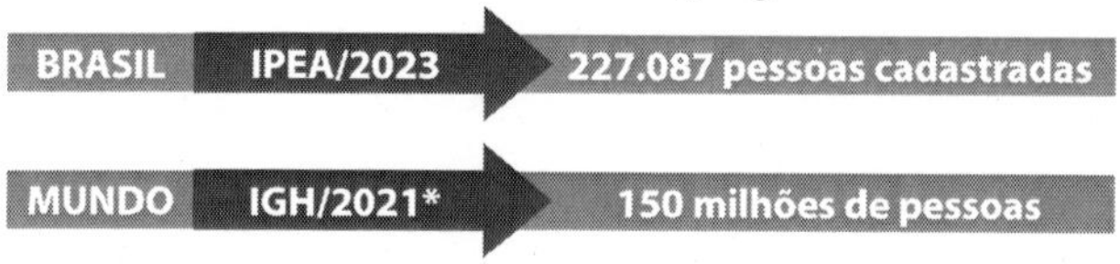

*IGH – The Institute of Global Homeless.

O levantamento mais recente da PSR registrada no CadÚnico identificou 227.087 pessoas cadastradas nessa situação em dezembro de 2023. Esse número diminuiu em relação às estimativas anteriores, pois eram contabilizadas pessoas em situação de rua já domiciliadas. Apesar dessas inconsistências, verifica-se que em dez anos de utilização progressiva do CadÚnico o Brasil apresentou um aumento de quase dez vezes de sua PSR. Isso pode ser atribuído ao aumento de pessoas cadastradas, mas também ao aumento real da PSR, o que se agravou com a pandemia de Covid-19[3].

Dentre os argumentos a favor da utilização do CadÚnico como o sistema mais viável e adequado para o dimensionamento da PSR no país, estão: a alta taxa de não resposta encontrada nos censos municipais (podendo superar os 50%); o escopo nacional; a padronização e o detalhamento das informações; o progressivo aumento no número de cadastrados; a obtenção de informações rápidas e contínuas; e a possibilidade de desagregação das informações para estados e municípios[3].

Entre as limitações do CadÚnico, constam: o seu viés de considerar apenas a população cadastrada, o que subdimensiona a PSR e a inexistência da informação sobre a "situação de rua intermitente", considerando apenas a situação de rua do momento[3]. Essa última questão precisa ser mais bem problematizada, pois a situação de rua intermitente é bastante comum e está contemplada na definição de PSR da Política Nacional, que engloba as pessoas que estão em acolhimento institucional ou moradia provisória. Ofertas de moradia transitória costumam apenas adiar o retorno à rua, e a não contagem dessa população pode subdimensionar as necessidades reais da PSR. Classificações internacionais das diversas situações de pessoas sem moradia, como a utilizada pelo European Typology on Homelessness and Housing Exclusion (ETHOS)*, podem contribuir para o aprimoramento do CadÚnico no Brasil.

* Para mais informações, acessar: https://www.feantsa.org/en/toolkit/2005/04/01/ethos-typology-on-homelessness-and-housing-exclusion.

CARACTERÍSTICAS DAS PESSOAS EM SITUAÇÃO DE RUA

A PSR é heterogênea, mas predominam pessoas pobres e com baixa instrução em relação à população geral. Os Quadros 1 e 2 sintetizam algumas informações sociodemográficas da PSR no Brasil[3].

Quadro 1 Informações demográficas da PSR no Brasil

Homens: são a maioria, chegando a 87,5%
Mulheres: são 11,6% da PSR adulta, e proporcionalmente 4 vezes mais mulheres do que homens vivem com a família na rua[3]. Observam-se tendências ao aumento de mulheres na rua. Elas também têm necessidades específicas (gestação, maternidade, proteção de violência)
População LGBTQIAPN+: apenas os censos de Fortaleza/2021 e do Distrito Federal/2022 coletaram informações sobre identidade de gênero e orientação sexual. Esses dados não constam no CadÚnico
Idade: 94% têm entre 18 e 64 anos. Embora haja poucas crianças e pessoas idosas, observa-se uma tendência de aumento nessas faixas etárias
Raça/cor: 68,2% se declaram negros, o que está acima da população brasileira (55,9%)

Fonte: adaptado de Natalino, 2023.

Quadro 2 Informações sociodemográficas da PSR no Brasil

Escolaridade: o número médio de anos de estudo é de 7 anos na PSR e de 10 anos no restante da população. Mas há diferenças geracionais no grau de instrução, que é maior entre os mais jovens. Cerca de 15,2% da PSR abaixo dos 65 anos de idade não tem instrução
Deficiência: representam 14% da PSR ante 8,4% do restante da população
Trabalho: 69% acima dos 18 anos faz algo para ganhar dinheiro, e, desse grupo, 74% fazem trabalho autônomo
Faixa de renda domiciliar per capita: 87% estão na faixa mais baixa (R$ 109,00)
Benefícios: 16% da PSR cadastrada não está no Programa Bolsa Família

Fonte: adaptado de Natalino, 2023.

Entre os principais motivos de ida para as ruas, os três mais citados em todas as pesquisas são os problemas com familiares, motivos econômicos (desemprego, perda de renda) e motivos de saúde (uso problemático de drogas). Entre as mulheres, prevalece a ida às ruas motivada por ameaças e violências; entre os homens, predominam o desemprego, os problemas familiares e o uso de álcool e outras drogas[3].

Em relação ao tempo que está na rua, 33,7% está há 6 meses; 14,2% está entre 6 meses e um ano; 29,6% está entre 2 e 5 anos; 22,5% está há mais de 5 anos. O tempo de permanência associa-se ao motivo de ida para a rua. Problemas familiares e motivos de saúde aumentam a probabilidade de permanência na rua[3].

Mais de 90% das pessoas desejam sair das ruas, porém encontram inúmeras barreiras com relação a trabalho, moradia e renda.

INFORMAÇÕES EPIDEMIOLÓGICAS MAIS RELEVANTES SOBRE CONDIÇÕES DE SAÚDE DA PSR NO BRASIL

Pesquisas de escopo nacional ainda são incipientes. Vários levantamentos municipais não coletam informações de saúde. Estudos sobre agravos específicos geralmente se limitam a pequenas bases populacionais cadastradas em determinados equipamentos/serviços ou são de abrangência municipal ou estadual. A utilização conjunta de sistemas de informações do SUS e do CadÚnico pode contribuir para apurar informações sobre a saúde da PSR, como fez o primeiro estudo de abrangência nacional sobre tuberculose na PSR, que utilizou dados do CadÚnico e do Sistema Nacional de Agravos do SUS (SINAN)[8].

Entre as informações existentes, observa-se consensualmente para um perfil epidemiológico complexo da PSR, sujeita a menor expectativa de vida, maiores taxas de morbidade, comorbidade, coinfecção (sífilis, HIV/AIDS, tuberculose, hepatites virais), abandono de tratamento e, consequentemente, mortalidade em relação à população geral.

Outros problemas relevantes que afetam a PSR para os quais seriam necessários mais estudos nacionais, incluem: HIV/AIDS, hepatites virais, ISTs, doenças crônicas (hipertensão arterial e diabetes), problemas nos pés, gestação de alto risco, problemas de saúde bucal, transtornos mentais, problemas com álcool e drogas e covid-19. Alguns desses problemas são abordados no *Manual Sobre o Cuidado à Saúde Junto a População em Situação de Rua*, de 2012, do Ministério da Saúde*.

O Quadro 3 apresenta agravos contemplados com mais informações em âmbito nacional: tuberculose, uso de crack, transtornos mentais e violências.

* Disponível em: https://www.gov.br/saude/pt-br/composicao/saps/equidade/publicacoes/populacao-em-situacao-de-rua/manual_cuidado_populalcao_rua.pdf/view.

Quadro 3 Informações sobre algumas das principais condições de saúde que afetam a PSR

Tuberculose: a PSR tem 56 vezes mais risco de adoecer por tuberculose do que a população geral, com maiores taxas de abandono e insucesso do tratamento e, consequentemente, mortalidade[8,9,10]
Problemas com o uso de drogas: cerca de 60% da PSR consome algum tipo de droga, principalmente álcool e crack[11]. Em pessoas com tuberculose no estado de São Paulo entre 2009-2013, o uso de álcool e drogas foi três vezes mais frequente na PSR[10]. A situação de rua foi identificada em 45,66% das mulheres e 37,23% dos homens usuários de crack no Brasil[12]
Transtornos mentais: citados em quase todos os censos municipais como uma das principais condições que afetam a PSR, constam em apenas 2,4% da PSR registrada no CadÚnico[3], o que denota a necessidade de aprimorar os registros
Violências: entre 2015-2017, a PSR teve cerca de 15 vezes mais notificações de violência do que a população geral. As mulheres tiveram 2 a 3 vezes mais notificações do que os homens em situação de rua. E as transexuais mulheres foram a identidade de gênero mais frequente entre as notificações de violência motivadas pela situação de rua da vítima. As notificações também foram mais elevadas entre pessoas de cor/raça negra[13]. A violência também aparece como motivo principal de ida para a rua por parte das mulheres[3]

CONSIDERAÇÕES FINAIS

A PSR apresenta problemas de saúde mais prevalentes e graves do que a população geral. A saúde da PSR é expressão de desigualdades sociais e raciais históricas, conjugadas a problemas biográficos e pessoais que muitas vezes pioram em função de processos de vulnerabilização mais amplos. A extrema pobreza, fragilidade de vínculos familiares e falta de moradia fixa tornam muito difícil a saída das ruas, sendo necessárias ações e políticas intersetoriais de longo prazo. A organização de movimentos como o MNPR e seus correlatos são fundamentais para avanços na construção de políticas públicas efetivas, participativas e promotoras de justiça social.

REFERÊNCIAS BIBLIOGRÁFICAS

1. Maricato E. Urbanismo na periferia do mundo globalizado: metrópoles brasileiras. São Paulo em perspectiva. 2000; 14(4): 21-33. Disponível em: https://www.revistas.usp.br/eav/article/view/10595/12337. Acesso em: 3 dez. de 2023.
2. Prates JC, Prates FC, Machado S. Populações em situação de rua: Os processos de exclusão e inclusão precária vivenciados por esse segmento. Temporalis. 2012;11(22):191-216. Disponível em: https://periodicos.ufes.br/temporalis/article/view/1387. Acesso em: 3 dez. de 2023.
3. Natalino MAC. A população em situação de rua nos números do Cadastro Único. Publicação expressa. Texto para discussão. Brasília: Instituto de Pesquisa Econômica Aplicada (IPEA), 2023. Disponível em: https://repositorio.ipea.gov.br/bitstream/11058/12642/1/TD_2944_Publicacao_Expressa.pdf. Acesso em: 11 dez. de 2023.

4. Costa MA. Políticas Públicas para População em Situação de Rua como Reconhecimento do Direito à Dignidade Humana. Revista Parlamento e Sociedade. 2022;10(19):51-73. Disponível em: https://parlamentoesociedade.emnuvens.com.br/revista/article/view/241. Acesso em: 3 dez. de 2023.
5. Melo T. Política dos "improváveis": Percursos de engajamento militante no Movimento Nacional da População de Rua (MNPR) [tese]. Rio de Janeiro: Universidade Federal Fluminense; 2017.
6. Brasil. Decreto nº 7.053, de 23 de dezembro de 2009. Institui a Política Nacional para a População em Situação de Rua e seu Comitê Intersetorial de Acompanhamento e Monitoramento, e dá outras providências. Disponível em: https://www.planalto.gov.br/ccivil_03/_ato2007-2010/2009/decreto/d7053.htm. Acesso em: 30 nov. de 2023.
7. Pires R. Reprodução de desigualdades na implementação de políticas públicas. Rio de Janeiro: IPEA; 2019.
8. Silva TO, Vianna PJS, Almeida MVG, Santos SD, Nery JS. População em situação de rua no Brasil: estudo descritivo sobre o perfil sociodemográfico e da morbidade por tuberculose, 2014-2019. Epidemiol. Serv. Saúde. 2021;30(1):e2020566. Disponível em: http://scielo.iec.gov.br/scielo.php?script=sci_arttext&pid=S1679-49742021000100029&lng=pt. Acesso em: 1 dez. de 2023.
9. Brasil. Ministério da Saúde; Secretaria de Vigilância em Saúde, Departamento de Vigilância das Doenças Transmissíveis. Manual de recomendações para o controle da tuberculose no Brasil. Brasília: MS; 2019. Disponível em: https://portaldeboaspraticas.iff.fiocruz.br/biblioteca/manual-de-recomendacoes-para-o-controle-da-tuberculose-no-brasil/. Acesso em: 1 dez. de 2023.
10. Ranzani OT, Rodrigues LC, Waldman EA, Prina E, Carvalho CRR. Who are the patients with tuberculosis who are diagnosed in emergency facilities? An analysis of treatment outcomes in the state of São Paulo, Brazil. J bras pneumol. 2018;44(2):125-33.
11. Souza MRCF, Oliveira MAF, Cardoso MMA, Silva JCMC, Boska GA, Pinho PH. População em situação de rua e o uso de drogas no Brasil: revisão de escopo. SMAD, Rev Eletrônica Saúde Mental Álcool Drog. 2023;19:e-195837. Disponível em: https://www.revistas.usp.br/smad/article/view/195837. Acesso em: fev. de 2025.
12. Bastos FI, Bertoni N. (orgs). Pesquisa Nacional sobre o uso de crack: quem são os usuários de crack e/ou similares do Brasil? Quantos são nas capitais brasileiras? Rio de Janeiro: Editora ICICT/FIOCRUZ, 2014. Disponível em: https://programadrogas.fiocruz.br/publicacoes/livros/51. Acesso em: 3 dez. de 2023.
13. Brasil. Ministério da Saúde. Secretaria de Vigilância em Saúde. População em situação de rua e violência – uma análise das notificações no Brasil de 2015 a 2017. Boletim Epidemiológico. 2019;50. Disponível em: https://www.gov.br/saude/pt-br/composicao/saps/equidade/publicacoes/populacao-em-situacao-de-rua/boletim-epidemiologico-14-populacao-em-situacao-de-rua--e-violencia-2013-uma-analise-das-notificacoes-no-brasil-de-2015-a-2017-1/view. Acesso em: fev. de 2025.

Capítulo **2**

A saúde da população de rua e sua determinação social: ampliando chaves de leitura

Maria Gabriela Curubeto Godoy
Monika Dowbor
Tatiana Monteiro Fiuza
Gabriella de Andrade Boska
Lohana Pontes Machado

O bicho (Manuel Bandeira)

Vi ontem um bicho
Na imundície do pátio
Catando comida entre os detritos.
Quando achava alguma coisa,
Não examinava nem cheirava:
Engolia com voracidade.

O bicho não era um cão,
Não era um gato,
Não era um rato.

O bicho, meu Deus, era um homem.

INTRODUÇÃO

Em maio de 2024, o Cadastro Único apresentou cerca de 293.807 pessoas em situação de rua (PSR) no Brasil[1], o que corresponde a cerca de 0,13% da população. Embora essa proporção seja pequena, ela é um dos segmentos mais vulnerabilizados e com maior risco de adoecer e morrer em relação à população geral. A situação de rua é um desfecho decorrente da conjugação de dimensões individuais, familiares, sociais, econômicas e históricas que expressam iniquidades e desigualdades transgeracionais. O entendimento de alguns conceitos que muitas vezes se justapõem, como determinantes sociais, determinação social, interseccionalidades e vulnerabilidades, podem contribuir para entender essas dinâmicas e a saúde e o adoecimento da PSR.

Ao longo deste capítulo, serão apresentados o perfil recorrentemente encontrado da PSR e discutidos seus principais aspectos e os motivos de ida para a rua. Essas questões serão analisadas na perspectiva dos conceitos de interseccionalidades, vulnerabilidades, Determinantes Sociais da Saúde (DSS) e determinação social do processo saúde-doença. Será apresentada sinteticamente uma discussão que problematiza os DSS, adotados pela Organização Mundial da Saúde (OMS), que defende uma proposta considerada mais ampla, e a determinação social do processo saúde-doença, utilizado por vertentes da Medicina Social e Saúde Coletiva latino-americanas. Por fim, serão abordadas informações que explicam, na perspectiva dos determinantes sociais, alguns dos problemas de saúde mais prevalentes nessa população.

INTERSECCIONALIDADES E A POPULAÇÃO EM SITUAÇÃO DE RUA (PSR)

Os diferentes estudos que contabilizam e caracterizam a PSR (censos municipais, levantamentos amostrais e cadastros como o Cadastro Único – CadÚnico) apresentam recorrência de certos atributos sociodemográficos que representam essas pessoas. Trata-se de uma população de baixíssima ou nenhuma renda, o que a situa entre as pessoas que vivem em pobreza extrema.

Em relação ao gênero, os homens perfazem mais de 80% da PSR brasileira[2]. Embora haja menos mulheres, estas encontram-se mais vulnerabilizadas, mais sujeitas a estupros e outros tipos de violências, inclusive de seus próprios companheiros, além de muitas vezes vivenciarem gravidez indesejada – decorrente ou não de estupro – e também terem mais gestações de alto risco. A maioria dos levantamentos e cadastros não estabelece distinções em relação à identidade de gênero, no entanto, mulheres trans estão ainda mais expostas à transfobia e risco de violências[3].

No quesito raça/cor, predominam as pessoas pretas (51%) ou pardas (18%) acima do que é encontrado na população geral, que tem 45% pretos e 11% de pardos[2]. E, apesar de o nível de escolaridade e da taxa de analfabetismo serem maiores na PSR do que na população geral, é ainda pior entre pessoas negras em situação de rua. Outros indicadores de desigualdades conforme a raça/cor são apresentados no Quadro 1, que ilustra os efeitos da intersecção raça/cor demonstrando como o racismo afeta a PSR. O Movimento Nacional da População de Rua costuma dizer que "a rua tem cor", por ser predominantemente negra e, esta, a mais afetada por desigualdades e iniquidades de diversos tipos.

Quadro 1 Diferenças observadas entre pessoas negras e brancas em situação de rua, segundo o CadÚnico

Variável	Pessoas negras	Pessoas brancas
Anos de escolaridade	6,7%	7,4%
Taxa de analfabetismo	11%	7,3%
Rua como local de repouso	60%	54%
Repouso em equipamento de acolhimento institucional	32%	35%
Permanência na rua > 10 anos	12%	10%
Permanência na rua < 6 meses	33%	36%

Fonte: adaptado de Natalino, 2024[2].

O conceito de "interseccionalidade" contribui na compreensão do efeito conjugado dessas variáveis na PSR. Esse conceito surgiu em 1989, com a advogada negra Kimberlé Crenshaw, ao perceber uma relação entre a intersecção de diferentes características biológicas e sociais (como sexo, gênero, raça, sexualidade, religião e classe) e processos de opressão geradores de formas singulares e intensificadoras da discriminação[4].

VULNERABILIDADES COMO ORIGEM E CONSEQUÊNCIA DA SITUAÇÃO DE RUA

O conceito de vulnerabilidade advém de diversos campos disciplinares, como Saúde e Bioética e Assistência Social. Ele não tem uma definição única, estando sujeito a imprecisões e ambiguidades. A constituição desse conceito nesses campos e seu potencial para compreender melhor a PSR, sem pretensão de esgotar a discussão, serão apresentados a seguir.

No campo da Saúde e Bioética, o conceito de vulnerabilidade se propagou com a epidemia de HIV/AIDS, sendo inicialmente compreendido como "suscetibilidade individual" de maior risco de adoecimento, associando-se à ideia de "comportamento de risco". Essa noção sucedeu de forma limitada, criticada e estigmatizante a expressão "grupo de risco", por desconsiderar desigualdades sociais que poderiam intensificar vulnerabilidades de outras ordens, não apenas individuais. Ante tais críticas, alguns estudiosos propuseram a ampliação da noção de vulnerabilidade, considerando-a em três eixos interdependentes que integram dimensões individuais, sociais e programáticas[5], ilustradas na Figura 1.

O campo da Assistência Social adota, na Política Nacional de Assistência Social, a noção de "vulnerabilidade social"[6]. Esta se relaciona a maior fragilização e precarização do acesso de indivíduos e coletivos à promoção, proteção ou garantia de seus direitos de cidadania[7]. De qualquer modo, tanto na Saúde como na Assistência Social, a vulnerabilidade tem a ver com um estado de maior suscetibilidade em relação ao adoecimento e morte ou à fragilização e precarização dos direitos de cidadania, respectivamente.

Entretanto, além de se tratar de uma condição observada transversalmente em dado momento temporal, a vulnerabilidade também pode ser compreendida como um "processo de vulnerabilização" que se constitui ao longo do tempo, conjugando diversas questões. Esse processo se desenvolve bem antes da chegada das pessoas às ruas[8].

Em sociedades constituídas historicamente de maneira desigual, como é o caso do Brasil, com sua herança colonialista, escravagista, racista e patriarcal, a pobreza transgeracional, violação dos direitos humanos fundamentais e falta de acesso aos direitos sociais marcam a vida cotidiana das classes populares. Esses grupos estão mais sujeitos a processos de vulnerabilização gerados e geradores de desigualdades que se expressam em diversos tipos de vulnerabilidades e também podem ser capturados através das interseccionalidades. São essas as pessoas mais suscetíveis de percorrerem trajetórias pessoais, familiares e transgeracionais nas quais a rua será o desfecho.

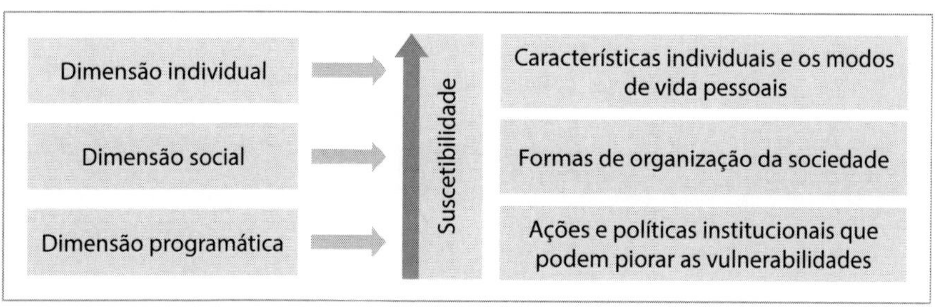

Figura 1 Dimensões da vulnerabilidade em saúde.
Fonte: adaptada de Ayres et al., 2006.

MICRO E MACRO DETERMINAÇÕES SOCIAIS DA SAÚDE DA PSR

Em 2005, a OMS adotou os Determinantes Sociais em Saúde (DSS) visando promover um movimento global em busca de maior equidade em saúde. Os DSS buscam apontar as desigualdades em saúde a partir da iniquidade, compreendida como conceito ético relacionado à "desigualdade injusta"[9].

> Os Determinantes Sociais em Saúde tratam de fatores que afetam a saúde de uma pessoa ou da população, podendo aumentar ou reduzir a probabilidade de adoecimento ou morte.

A proposta dos DSS levou à criação da Comissão de Determinantes Sociais em Saúde (CDSS)[10] da OMS e de comissões nacionais do mesmo tipo em diversos países, sendo o Brasil o primeiro a criar a sua comissão em 2006. Essas comissões passaram a operacionalizar propostas elaborando e acompanhando indicadores e análises de situação referentes aos DSS[9].

O primeiro modelo de DSS adotado pela OMS foi o de Dahlgren e Whitehead, composto por diferentes camadas de determinantes. A camada proximal se relaciona a determinantes individuais; a intermediária engloba fatores familiares, grupais e comunitários; e a camada distal trata dos macrodeterminantes socioeconômicos, culturais e ambientais, conforme mostra a Figura 2.

Figura 2 Modelo de Dahlgren e Whitehead.

Fonte: Comissão Nacional sobre os Determinantes Sociais da Saúde, 2008[10].

O segundo modelo adotado pela OMS foi o de Solar e Irwin, em 2010[11], referendado pela Conferência Mundial sobre os Determinantes Sociais da Saúde em 2011. Esse modelo agrupa os determinantes em: determinantes estruturais das desigualdades de saúde e os determinantes intermediários, conforme ilustrado na Figura 3.

Embora no modelo de Solar e Irwin haja maior destaque em relação aos determinantes estruturais das desigualdades de saúde em relação ao de Dahlgren e Whitehead, ambos sofreram críticas, dentre elas: insuficiência analítica, alinhamento a pressupostos positivistas que reforçam a disciplinarização e divisão do conhecimento, fragmentação e redução de processos sociais complexos a fatores e indicadores epidemiológicos associados a fatores de risco ou de proteção passíveis de serem isolados e desconectados entre si, desconsideração de processos centrais na produção e reprodução das iniquidades sociais em saúde, dentre outros[12]. Teoricamente, os DSS se inspiram na teoria liberal de justiça redistributiva de John Rawls, considerada insuficientemente igualitária por seus críticos[13].

Percorrendo uma linha teórico-argumentativa inspirada no materialismo histórico-dialético, vertentes do pensamento em saúde da Medicina Social e Saúde Coletiva latino-americanas adotaram o conceito de Determinação Social em Saúde. Essa perspectiva pressupõe que a análise e intervenção sobre o processo saúde-doença deve enfrentar as bases estruturais das desigualdades sociais,

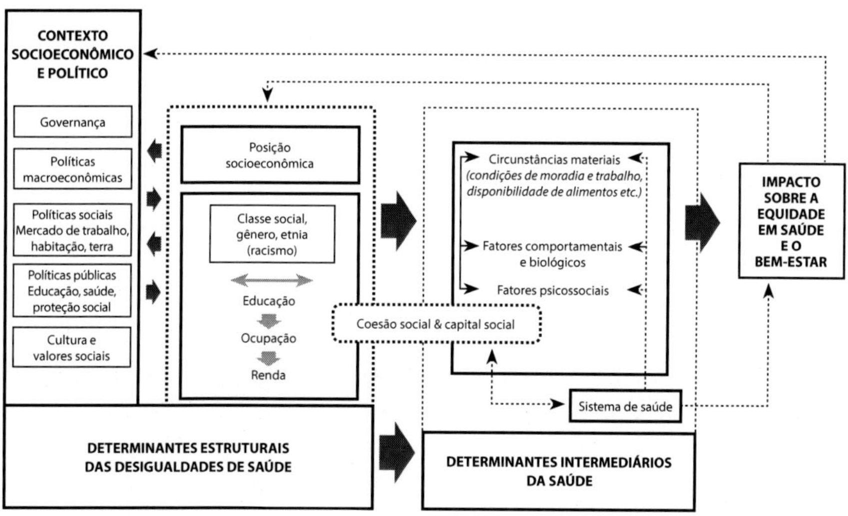

Figura 3 Modelo de Solar e Irwin.

Fonte: Solar e Irwin, 2010[11].

além de incluir a participação dos atores sociais fundamentais nas decisões e elaboração de intervenções, visando perspectivas emancipatórias dos sujeitos[12].

Em que pese as divergências observadas entre os conceitos de determinantes e determinação apresentados, há contribuições de ambas as vertentes na análise de fenômenos como a situação de rua. A utilização dos DSS dentro dos modelos apregoados pela OMS possibilita a identificação e sistematização de questões que podem desdobrar-se em indicadores e medidas de magnitude e impacto quantitativo de certos problemas – suscetibilidades/vulnerabilidades, fatores de risco, assim como possíveis fatores de proteção, que favorecem a saúde. Cabe, no entanto, assumir que há limitações nesse enfoque, havendo contribuições importantes na vertente das determinações sociais, cujos referenciais ético-políticos mais amplos e críticos dialogam com os conceitos de interseccionalidades e processos históricos de vulnerabilização, possibilitando o aprofundamento da análise do processo saúde-doença da PSR.

DETERMINAÇÕES QUE AFETAM A SAÚDE DA POPULAÇÃO EM SITUAÇÃO DE RUA

O surgimento da PSR no Brasil tem uma conjunção de macrodeterminações relacionadas a processos históricos produtores e reprodutores de vulnerabilidades. A sociedade brasileira, com sua herança colonialista, escravagista, racista e patriarcal tem sido forjada por políticas que reforçaram desigualdades desde o período colonial. Algumas delas abrangem a limitação da posse da terra, a ausência de políticas de compensação no período pós-abolição – que lançou grandes contingentes da população negra às ruas e cortiços das metrópoles da época –, o processo de favelização, exploração e negação de direitos às classes populares, a modificação do Código Penal e maior repressão a capoeiras e "vadios", o investimento em instituições totais como hospitais psiquiátricos, casas de correção e presídios, dentre outras.

Mais recentemente, essas lógicas têm se perpetuado através de políticas socioeconômicas que situam o Brasil como fornecedor de *commodities*, dando continuidade à má distribuição de renda reforçada pelo sistema regressivo de impostos e endividamento. Esse processo tem gerado exclusão e distanciado parcelas numericamente majoritárias da população ao acesso a direitos básicos fundamentais, como habitação, saúde, educação, trabalho, renda, alimentação saudável, água potável, saneamento básico e outros.

Essas macrodeterminações estão relacionadas com os aspectos que definem a situação de rua na lei, como a falta de moradia, a pobreza extrema e a fragilização ou ruptura de vínculos[14], sendo os dois primeiros, na perspectiva dos DSS, determinantes intermediários e o último determinante proximal. Incluem-se nas macrodeterminações os principais motivos que levam as pessoas às ruas: o desemprego – determinante intermediário nos DSS, os conflitos familiares e os problemas de saúde/problemas nos modos de uso de substâncias psicoativas (SPA)[2].

Embora na perspectiva dos DSS os conflitos familiares, a fragilização e a ruptura de vínculos, bem como os problemas de saúde e os padrões de uso de substâncias psicoativas (SPA), possam situar-se entre os determinantes proximais com um pé nos intermediários, essa divisão é apenas analítica, pois características aparentemente pessoais mantêm correlação com questões mais amplas. Por exemplo, problemas nos modos de uso de SPA podem aparentar ser individuais, mas o alcoolismo entre homens negros nordestinos é transgeracional e tem raízes históricas na exploração colonial de escravizados nos engenhos de açúcar, que recebiam cachaça para ter aporte calórico para trabalhar duramente, exigindo menos alimentação[15].

Falta de moradia

A falta de moradia remonta à limitação de acesso à posse da terra no espaço rural colonial e se perpetua no espaço urbano, tendo piorado em diversos momentos desde o século XIX, com a abolição da escravatura – que lançou milhares de pessoas negras em cortiços e ruas nas metrópoles da época –, e a subsequente favelização, que piorou no século XX com novos êxodos rurais decorrentes da industrialização e urbanização aceleradas do país. Mais recentemente, no século XXI, a continuidade desse problema adquiriu novas facetas com o processo de financeirização neoliberal das cidades e o aprofundamento de desigualdades urbanas, geoespaciais e sociais[16].

Pobreza extrema

Caracterizada nos programas de benefícios sociais no Brasil como uma renda de até R$ 109,00 mensais por pessoa[2], a pobreza extrema decorre de uma conjunção de processos históricos de exploração[17], alguns dos quais foram tratados neste texto. Informações do CadÚnico mostram que 83% da PSR recebe benefícios do Programa Bolsa Família (PBF), o que a coloca fora da extrema pobreza. Entre as pessoas ainda não beneficiárias, encontram-se justamente aquelas com pouca ou nenhuma instrução, o que pode estar relacionado às dificuldades no acesso à documentação e à compreensão das regras de funcionamento dos benefícios[2]. Além disso, a pobreza está relacionada ao maior risco de diversos problemas de saúde, sendo fator que predispõe e piora os problemas de saúde mental[18], bastante prevalentes na população em situação de rua.

Desemprego

As modificações globais que vêm afetando o mundo do trabalho, questões tributárias relacionadas a propostas neoliberais associadas a inovações tecnológicas e novos modelos organizativos dos processos de trabalho têm impactado negativamente as condições de vida da maioria das populações. Uma das decorrências tem sido o aumento do desemprego, problema que motiva a ida para a rua de pessoas e famílias por não terem renda garantida para se manter em uma moradia.

O desemprego e a consequente falta de renda afetam o atendimento às necessidades básicas da PSR. Esse ciclo se retroalimenta, pois a falta de um comprovante de residência fixo e contatos de referência dificultam, e até impedem, a possibilidade de conseguir um emprego. O desemprego piora a pobreza, a insegurança alimentar e dificulta o retorno a algum tipo de moradia, tornando a PSR ainda mais suscetível a diversos problemas de saúde[19].

Ruptura ou fragilização de vínculos e conflitos familiares

A ruptura de laços costuma instalar-se gradualmente, com interrupção parcial das relações rompidas, seguidas finalmente da erosão completa dos vínculos com a família, amigos e rede de apoio[20]. A chegada na rua implica a necessidade de desenvolver novos vínculos e, embora a situação de rua esteja aparentemente associada a vínculos frágeis e transitórios, surgem novas formas de sociabilidade, "famílias da rua" e constituição de redes de apoio e afetivas importantes para a sobrevivência nesse espaço. Transtornos mentais e a relação problemática com as SPA anteriores podem estar associados a essas rupturas, contribuindo para a chegada na rua. Eles podem também surgir posteriormente ou intensificar-se pela dureza da vida na rua.

Outros determinantes decorrentes dos apresentados anteriormente e que, como os demais, se retroalimentam reciprocamente incluem a falta de acesso a higiene, água potável e saneamento básico, a maior insegurança alimentar[21], a pobreza menstrual, que afeta mais mulheres e pessoas em situação de rua[22], menos anos de escolaridade e grau de instrução[2], dentre outros determinantes.

ALGUNS DETERMINANTES DOS PRINCIPAIS PROBLEMAS DE SAÚDE DA PSR

Na sistematização apresentada no Quadro 2, que trata da relação de alguns problemas de saúde prevalentes da PSR e seus determinantes, optou-se por apresentar esses fatores de maneira ampla, não adotando o modelo tradicional dos DSS que os distingue em proximais, intermediários ou distais. Os processos que geram adoecimento aportam multideterminações complexas e interdependentes, cujas intervenções no sentido de redução das desigualdades em saúde exigem diversos níveis de articulação de políticas e ações intersetoriais.

Quadro 2 Relação entre os principais problemas de saúde da PSR e alguns de seus determinantes

Problemas de saúde	Possíveis determinantes envolvidos
Infecções gastrointestinais, parasitoses intestinais	Pouco acesso à higiene; falta de acesso à água potável; uso de água contaminada; estocagem de água em recipientes contaminados; alimentos contaminados; má nutrição e insegurança alimentar[23]
Problemas cutâneos e capilares (micoses, feridas, escabiose, pediculose)	Pouco acesso à higiene; falta de acesso à água e insumos para banho; dificuldade para lavar roupas; uso de roupas doadas com desconhecimento da higiene prévia; aglomeração noturna[19,24]
Micoses, infecções, feridas nos pés	Pouco acesso à higiene; falta de acesso à água e insumos para banho; uso de calçados velhos e inapropriados; umidade nos pés por maior exposição a intempéries[19,24]
Problemas circulatórios e úlceras nos pés e tornozelos	Longa permanência em pé; realização de longos percursos para conseguir a sobrevivência diária; enfrentamento de filas[24]
Problemas de saúde bucal	Falta de acesso à água e insumos de higiene bucal, falta e/ou barreiras de acesso a serviços de saúde bucal[24-25]

(continua)

Quadro 2 Relação entre os principais problemas de saúde da PSR e alguns de seus determinantes *(continuação)*

Problemas de saúde	Possíveis determinantes envolvidos
Problemas de saúde mental	Pobreza; falta de privacidade; falta de moradia regular; troca do dia pela noite em função da insegurança; violências; preconceito; discriminação; estigma; maior risco de desorganização do cotidiano; exposição à poluição sonora; fragilização e ruptura de vínculos (mesmo antes da rua); violação continuada de direitos e garantias fundamentais; longo tempo de permanência na rua; transtornos mentais[18,26-28]
Tuberculose	Pobreza; má alimentação e insegurança alimentar; aglomeração noturna; coinfecção com HIV; comorbidade com transtornos mentais e problemas com uso de SPA; diagnóstico tardio; falta de busca ativa de casos diagnosticados ou em abandono de tratamento; horários inconvenientes e longas esperas para uma consulta; experiências de violência institucional em serviços de saúde; ações higienistas, como remoções forçadas com retirada de pertences e medicamentos[24]
HIV/AIDS	Não utilização ou utilização incorreta de preservativos; comorbidade com transtornos mentais e/ou problema com uso de SPA; coinfecção com outras ISTs; baixa escolaridade (esta é inversamente proporcional à contaminação); escassez de ações preventivas; pouca oferta de preservativos; baixa testagem; falta de busca ativa de casos diagnosticados ou em abandono de tratamento; horários inconvenientes e longas esperas para uma consulta; ações higienistas, como remoções forçadas com retirada de pertences e medicamentos[29,30]
Gestação indesejada	Maior risco de violências e estupro de mulheres em situação de rua (rua configura-se como espaço masculino perpetuador do modelo patriarcal); dificuldade de acesso e de uso (diário) de métodos contraceptivos (MC); perda de contraceptivos em ações higienistas de remoções forçadas com retirada de pertences e medicamentos; falta de acesso ao planejamento familiar[31,32]
Gestação de alto risco	Identificação tardia da gravidez; menor realização de pré-natal por medo de internações compulsórias e retirada de bebês; problemas de saúde mental e relacionados ao uso de SPA[24,31]
Doenças crônicas não transmissíveis	Dificuldades em manter uso de medicamentos de rotina na rua; perda da medicação com as remoções forçadas; comorbidades com transtornos mentais e/ou uso de SPA; diagnóstico tardio; aumento da PSR idosa, mais sujeita a doenças crônicas[24]
Relação problemática com o uso de SPA	Vulnerabilidade familiar (violência intrafamiliar, pouco afeto e diálogo); baixa renda e desemprego; ausência de regras e normas; modos de sociabilidade nos centros urbanos; maior possibilidade de interação social na rua; forma de minimizar sofrimento e condições adversas da rua, como a fome e o frio; desejo de fuga da realidade; uma das poucas opções de prazer existentes para a PSR[33-37]
Violências	Preconceitos e discriminações; maior risco de relações de exploração, dominação e violências institucionais ou não; abordagens truculentas, agressões verbais, remoções forçadas; interdições compulsórias, prisões arbitrárias, intimidações; subtração de pertences e documentos pessoais e homicídios. No caso de mulheres (cis e trans), maior risco de violência sexual, física e outras formas de agressão, perpetradas por terceiros e até por companheiros[26]

CONSIDERAÇÕES FINAIS

Diversos conceitos nas Ciências Humanas foram cunhados e outros tantos sofreram adaptações para dar conta de processos mais amplos, tanto históricos quanto sociais, da produção das desigualdades. É o caso dos termos "determinantes", "determinações sociais", "interseccionalidades" e "vulnerabilidades/vulnerabilização", que foram discutidos neste capítulo e que contribuem para a análise das questões que interferem no processo saúde-doença da PSR no Brasil. Esses termos apresentam aproximações e justaposições, no entanto, oferecem perspectivas capazes de incorporar nas análises e nas práticas visões mais amplas que ultrapassam interpretações baseadas apenas nas trajetórias individuais ou aqueles em um aspecto singular da PSR.

Assim, na perspectiva da análise dos determinantes sociais da saúde ou da determinação social da saúde na PSR, foi possível constatar que "trata-se sujeitos que são cidadãos carregados de historicidades e demandas sociais, e a violação cotidiana de seus direitos é uma expressão radical da questão social, de relações complexas entre sistema econômico, práticas sociais e valores que historicamente reforçam e naturalizam as desigualdades sociais no Brasil". Os conceitos de interseccionalidades e de vulnerabilização também permitem adotar esse prisma de análise, trazendo a riqueza de seus enfoques.

Os problemas de saúde que afetam essa população expressam as iniquidades, ou seja, desigualdades injustas, que se conformam histórica, interseccional e transgeracionalmente, produzindo as vulnerabilidades da PSR. Essas raízes e causas de longo prazo, bem como o quadro da injustiça redistributiva que continua no país, tornam a institucionalização e a implementação de políticas públicas para essa população uma necessidade e dever do Estado. Elas têm avançado, especialmente a partir dos anos 2000, mas não de maneira suficiente em termos de cobertura e qualidade. Observa-se as recorrentes fragilidades de atuação dos governos diante de situações de vida eticamente inaceitáveis, configurando violações. Identificam-se uma desproteção, ausência ou inadequação das políticas públicas, que expressam interesses contraditórios, conflitos sociopolíticos e valores sociais que contribuem para que as desigualdades, que são históricas no país, sejam reforçadas.

Diante desse cenário, faz-se relevante perceber que o termo "povo da rua" tem passado por revalorização e ressignificação positiva, graças à atuação significativa dos movimentos organizados de pessoas em situação de rua dentro da perspectiva do protagonismo social e autonomia sobre suas vidas. A atuação de profissionais e estudantes de saúde junto à PSR pautada por uma visão ampla e historicamente enraizada faz e pode fazer a diferença na promoção de políticas que efetivam seus direitos humanos e revertem, ao menos em parte, os contínuos processos de violação a que a PSR está submetida no Brasil.

REFERÊNCIAS BIBLIOGRÁFICAS

1. Consulta, seleção e extração de informações do CadÚnico (CECAD 2.0). Tabulador do Cadastro Único. 2024. Disponível em: https://cecad.cidadania.gov.br/tab. Acesso em: fev. de 2025.
2. Natalino MAC. A População em situação de rua nos números do Cadastro Único. Rio de Janeiro: Ipea; 2023. Disponível em: https://repositorio.ipea.gov.br/bitstream/11058/12642/7/TD_2944_web.pdf. Acesso em: fev. de 2025.
3. Associação Nacional de Travestis e Transexuais (ANTRA). Observatório de Políticas Públicas LGBTI+. Dossiê assassinatos e violências contra pessoas trans em 2022. Maranhão; 2022. Disponível em: https://brazil.unfpa.org/sites/default/files/pub-pdf/dossie_antra-2023.pdf. Acesso em: fev. de 2025.
4. Crenshaw K. Demarginalizing the intersection of race and sex: a black feminist critique of antidiscrimination doctrine, feminist theory, and antiracist politics. University of Chicago Legal Forum; 1989. p. 538-554.
5. Ayres JR, Paiva V, França IJR, Gravato N, Lacerda R, Della Negra M, et al. Vulnerability, human rights, and comprehensive health care needs of young people living with HIV/AIDS. Am J Public Health. 2006;96(6):1001-6.
6. Ministério do Desenvolvimento Social e Combate à Fome (BR). Política Nacional de Assistência Social (PNAS/SUAS). Brasília: Secretaria Nacional de Assistência Social; 2004. Disponível em: https://www.mds.gov.br/webarquivos/publicacao/assistencia_social/Normativas/PNAS2004.pdf. Acesso em: fev. de 2025.
7. Carmo ME, Guizardi FL. O conceito de vulnerabilidade e seus sentidos para as políticas públicas de saúde e assistência social. Cader Saúde Públ. 2018;34(3): 1-14, 2018. Disponível em: https://www.scielo.br/j/csp/a/ywYD8gCqRGg6RrNmsYn8WHv/?format=pdf&lang=pt. Acesso em: fev. de 2025.
8. Varanda W, Adorno RCF. Descartáveis urbanos: discutindo a complexidade da população de rua e o desafio para políticas de saúde. Saúde soc. 2004;13(1):56-69.
9. Organização Mundial da Saúde (OMS). Declaração política do Rio sobre Determinantes Sociais da Saúde. Rio de Janeiro; 2011. Disponível em: http://www.who.int/sdhconference/declaration/Rio_political_declaration_portuguese.pdf?ua=1. Acesso em: fev. de 2025.
10. Comissão Nacional Sobre Determinantes Sociais da Saúde (BR). As causas sociais das iniquidades em saúde no Brasil. Rio de Janeiro: Fiocruz; 2008. Disponível em: https://bvsms.saude.gov.br/bvs/publicacoes/causas_sociais_iniquidades.pdf. Acesso em: fev. de 2025.
11. Solar O, Irwin A. A conceptual framework for action on the social determinants of health. Social Determinants of Health. Policy and Practice. Geneva: WHO; 2010. Disponível em: https://iris.who.int/bitstream/handle/10665/44489/9789241500852_eng.pdf?sequence=1. Acesso em: fev. de 2025.
12. Borde E, Hernández-Álvarez M, Porto MFS. Uma análise crítica da abordagem dos Determinantes Sociais da Saúde a partir da medicina social e saúde coletiva latino-americana. Saúde debate. 2015;39(106):841-54.

13. Vita Á. Uma concepção liberal-igualitária de justiça distributiva. Rev Bras Ci Soc. 1999;14(39): 41-59.
14. Brasil. Decreto nº 7.053, de 23 de dezembro de 2009. Institui a Política Nacional para a População em Situação de Rua e seu Comitê Intersetorial de Acompanhamento e Monitoramento, e dá outras providências. Diário Oficial da União: Brasília, DF; 2009. Disponível em: https://www.planalto.gov.br/ccivil_03/_ato2007-2010/2009/decreto/d7053.htm. Acesso em: fev. de 2025.
15. Souza RL. Cachaça, vinho, cerveja: da colônia ao século XX. Estud Hist (Rio J). 2004;(33):56-75.
16. Rolnik R. Guerra dos lugares. A colonização da terra e da moradia na era das finanças. São Paulo: Boitempo; 2015.
17. Valladares L. Cem anos pensando a pobreza (urbana) no Brasil. In: Boschi RR (org.). Cooperativismo e desigualdade: a construção do espaço público no Brasil. Rio de Janeiro/São Paulo: IUPER/Vérnice; 1991.
18. Organização Mundial da Saúde (OMS). Relatório sobre a saúde no mundo 2001: Saúde mental: nova concepção, nova esperança. Genebra, Suíça. 2001. Disponível em: https://iris.who.int/bitstream/handle/10665/42390/WHR_2001_por.pdf?sequence=4&isAllowed=y. Acesso em: fev. de 2025.
19. Valle FAAL, Farah BF, Carneiro Junior N. As vivências na rua que interferem na saúde: perspectiva da população em situação de rua. Saúde Debate. 2020;44(124):182-192.
20. Zioni F. Exclusão social: noção ou conceito? Saúde soc. 2006;15(3):15-29.
21. Oliveira MA, Alcântara LB. Direito a alimentação da população em situação de rua e pandemia da COVID-19. SER Soc. 2021;23(48):76-93.
22. Fundo das Nações Unidas Para a Infância. Pobreza menstrual no Brasil: desigualdades e violações de direitos. Rio de Janeiro: UNICEF; 2021. Disponível em: https://www.unicef.org/brazil/relatorios/pobreza-menstrual-no-brasil-desigualdade-e-violacoes-de-direitos. Acesso em: fev. de 2025.
23. Razzolini MTP, Günther WMR. Impactos na saúde das deficiências de acesso a água. Saúde soc. 2008;17(1):21-32.
24. Ministério da Saúde (BR). Secretaria de Atenção à Saúde. Departamento de Atenção Básica. Manual sobre o cuidado à saúde junto a população em situação de rua. Brasília; 2012. Disponível em: https://cetadobserva.ufba.br/sites/cetadobserva.ufba.br/files/539.pdf. Acesso em: fev. de 2025.
25. Lawde JAC, Matos MA, Souza JB, Freire MCM. Impact of oral condition on the quality of life of homeless people. Rev. Saúde Pública. 2019;53:22.
26. Silva MLB, Bousfield ABS, Giacomozzi AI, Leandro M. Atribuições de causalidade à violência para pessoas em situação de rua. Estud. Interdiscip. 2020;11(2):39. Disponível em: https://ojs.uel.br/revistas/uel/index.php/eip/article/view/17. Acesso em: fev. de 2025.
27. Nonato DN, Raiol RWG. Pessoas em situação de rua e violência: entrelaçados em nome da suposta garantia de segurança pública. RDD. 2018;27(49):90-116. Disponível em: https://www.revistas.unijui.edu.br/index.php/revistadireitoemdebate/article/view/7505. Acesso em: fev. de 2025.
28. Caton CLM, Dominguez B, Schanzer B, Hasin DS, Shrout PE, Feliz A, et al. Risk factors for long-term homelessness: findings from a longitudinal study of first time homeless single adults. American Journal of Public Health. 2005;95(10):1753-1759.
29. Grangeiro A, Holcman MM, Onaga ET, Alencar HDR, Placco ALN, Teixeira PR. Prevalência e vulnerabilidade à infecção pelo HIV de moradores de rua em São Paulo, SP. Rev Saúde Pública. 2012;46(4):674-684.
30. Lopes LM, Andrade RLP, Arakawa T, Magnabosco GT, Nemes MIB, Netto AR, et al. Vulnerability factors associated with HIV/AIDS hospitalizations: a case-control study. Rev Bras Enferm. 2020;73(3):e20180979.

31. Rosa AS, Brêtas ACP. A violência na vida de mulheres em situação de rua na cidade de São Paulo, Brasil. Interface (Botucatu). 2015;19(53):275-85.
32. Schiavi CEN, Micheletti VCD, Maffacciolli R, Padoin SMM, Ramos AR, Vieira LB. Vulnerabilidades entre mulheres em situação de rua vivenciando a gestação, parto e puerpério. Esc Anna Nery. 2023;27:e20220384.
33. Bastos FI, Bertoni N. Pesquisa nacional sobre o uso de crack: quem são os usuários de crack e/ou similares do Brasil? Quantos são nas capitais brasileiras? Rio de Janeiro: Instituto de Comunicação e Informação Científica e Tecnológica em Saúde, Fundação Oswaldo Cruz; 2014.
34. Mendes KT, Ronzaci T, Paiva FS. População em Situação de Rua, Vulnerabilidades e Drogas: uma Revisão Sistemática. Psicologia & Sociedade. 2019;31:1-15. Disponível em: https://www.scielo.br/j/psoc/a/N9kcMm76dkJ8nrBWFhZtvfq/#. Acesso em: fev. de 2025.
35. Carlini EA. Epidemiologia do uso do álcool no Brasil. Arq Méd ABC. 2006;supl. 2:4-7.
36. Sicari AA, Zanella AV. Pessoas em situação de rua no brasil: revisão sistemática. Psicologia: Ciência e Profissão. 2018;38(4):662-679. Disponível em: https://www.scielo.br/j/pcp/a/zZmF6jcYxpRqGS4b5QMX9sQ/?format=pdf&lang=pt. Acesso em: fev. de 2025.
37. Tondin MC, Barros Neta MAP, Passos LA. Consultório de rua: intervenção ao uso de drogas com pessoas em situação de rua. Revista de Educação Pública. 2013;22(49):485-501. Disponível em: http://educa.fcc.org.br/pdf/repub/v22n49s02/v22n49s02a07.pdf. Acesso em: fev. de 2025.

Capítulo **3**

Políticas públicas e a população em situação de rua

Ugo Caramori

INTRODUÇÃO

As políticas públicas são instrumentos fundamentais na organização e direcionamento das ações de saúde, promovendo equidade e acesso universal aos serviços[1]. No contexto da atenção primária, em que a Medicina de Família e Comunidade (MFC) desempenha um papel central na coordenação do cuidado, a compreensão e a aplicação dessas políticas tornam-se essenciais para garantir uma prática médica efetiva e socialmente comprometida[2]. O Sistema Único de Saúde (SUS), pautado nos princípios da universalidade, equidade e integralidade[3], só pode atingir sua finalidade plena quando profissionais da saúde atuam não apenas na assistência direta, mas também na mobilização de recursos e na defesa dos direitos individuais e coletivos[4]. Para que servem, então, as políticas públicas na prática desses profissionais? O conceito de advocacia em saúde traz essa perspectiva[5].

O CONCEITO DE ADVOCACIA EM SAÚDE

A advocacia em saúde é definida como um conjunto de ações que visam garantir o acesso justo e equitativo aos serviços de saúde, mobilizar recursos, influenciar políticas públicas e promover mudanças no sistema para reduzir desigualdades estruturais[6]. Fundamenta-se no conceito de determinantes sociais da saúde, reconhecendo que fatores econômicos, políticos, culturais e ambientais impactam diretamente a saúde das populações vulnerabilizadas e, portanto, demandam intervenções para além do âmbito clínico-assistencial, incorporando estratégias que assegurem um cuidado integral e acessível[7]. Para médicos de família e comunidade, trata-se de ultrapassar o atendimento individual, envolvendo-se na defesa ativa dos direitos das pessoas, com articulação intersetorial e busca de estratégias concretas para a transformação da realidade social[8].

A população em situação de rua representa um dos grupos mais vulnerabilizados da sociedade brasileira, submetida a condições de extrema pobreza, discriminação e negação de direitos fundamentais, apesar das garantias constitucionais[9]. Além das dificuldades de acesso aos serviços essenciais, esse grupo é frequentemente alvo de estigma e violência institucional, o que reforça o ciclo de vulnerabilidade e compromete a possibilidade de uma plena cidadania[10]. Assim, cabe ao médico de família e comunidade atuar como um agente de transformação social, garantindo que a saúde seja, de fato, universal, integral e equitativa[11]. A advocacia em saúde voltada à população em situação de rua deve contemplar importantes dimensões do cuidado[12-14]. São elas:

- **Enfrentamento do estigma e da discriminação:** médicos devem revisitar continuamente suas práticas, adotando abordagens sensíveis, adaptadas aos contextos sociais e culturais, com compromisso na promoção de um cuidado ético e inclusivo e no enfrentamento das desigualdades estruturais.
- **Garantia de acesso:** redução das barreiras burocráticas que impedem o acesso aos serviços de saúde, implementação de estratégias de busca ativa e flexibilização dos critérios de atendimento, como ocorre nos Consultórios na Rua.
- **Intersetorialidade:** articulação com serviços de assistência social, habitação, segurança alimentar, educação e reinserção no mercado de trabalho, promovendo uma abordagem ampliada do cuidado.

Profissionais que compreendem as políticas públicas e os direitos da população em situação de rua fortalecem sua capacidade de exercer a advocacia em saúde e ampliam o escopo de sua prática, incorporando uma visão crítica e ampliada do cuidado[15]. Esse entendimento permite reconhecer que a atuação em saúde transcende a dimensão técnica exclusivamente clínica, inserindo-se também no campo das relações sociais, estruturais e políticas que determinam as condições de vida e saúde das populações vulnerabilizadas[16].

Neste capítulo, apresenta-se um panorama das principais políticas públicas brasileiras e dos tratados e pactos internacionais voltados à população em situação de rua e a outros grupos em condição de vulnerabilidade (Quadro 1). O painel inclui descrições sintéticas dessas normativas, acompanhadas de uma análise de seus principais impactos. Destaca-se como essas diretrizes contribuem para a advocacia em saúde, a defesa de direitos e o enfrentamento das iniquidades sociais. Embora os tratados e pactos não sejam políticas públicas nacionais, representam compromissos assumidos pelo Brasil em instâncias internacionais, orientando e fortalecendo a formulação de políticas internas voltadas à equidade e à proteção social.

Quadro 1 Painel de tratados, pactos e políticas públicas

Declaração Universal dos Direitos Humanos (1948) Aprovada pela Assembleia Geral da ONU, a Declaração Universal dos Direitos Humanos estabelece princípios fundamentais de dignidade, liberdade e igualdade, servindo como referência para políticas públicas e legislações em diversos países. O Brasil aderiu à Declaração em 1948, comprometendo-se a garantir direitos sociais e civis, incluindo moradia, saúde, trabalho e assistência social, essenciais para a população vulnerabilizada. **Impacto:** embasa políticas de equidade e assistência social no Brasil, sustentando o direito à saúde, à moradia e à proteção social da população em situação de rua. Apoia medidas contra a discriminação e reforça a necessidade de políticas públicas voltadas à inclusão e garantia de direitos.
Convenção Relativa ao Estatuto dos Refugiados (1951) Regula a proteção de refugiados em nível internacional, garantindo a não discriminação, o acesso à saúde, a assistência social e o direito ao trabalho. O Brasil aderiu à convenção e implementou a Lei de Refúgio (1997) para garantir proteção humanitária. **Impacto:** fundamenta políticas de acolhimento para refugiados e migrantes forçados, muitos dos quais acabam em situação de rua. Reforça o compromisso de inclusão nos serviços públicos e regularização migratória.
Pacto Internacional sobre Direitos Econômicos, Sociais e Culturais (1966) Firmado no âmbito das Nações Unidas e ratificado pelo Brasil em 1992, estabelece o direito ao trabalho digno, à seguridade social, à saúde e à moradia, reconhecendo que fatores socioeconômicos determinam a qualidade de vida das populações. **Impacto:** fundamenta políticas públicas que buscam reduzir desigualdades estruturais e garantir acesso a serviços essenciais para populações vulnerabilizadas. Contribui para a criação de programas de inclusão produtiva, segurança alimentar e habitação social.
Pacto Internacional sobre Direitos Civis e Políticos (1966) Ratificado pelo Brasil em 1992, o pacto estabelece direitos fundamentais, incluindo liberdade, não discriminação e participação política. Reforça a necessidade de proteção jurídica igualitária, independente da situação social ou documental do indivíduo. **Impacto:** apoia iniciativas que garantem acesso à documentação civil para a população em situação de rua, permitindo o exercício de direitos, como acesso ao SUS e a programas sociais. Também fortalece o enfrentamento da violência institucional e do estigma que afetam essa população.

(continua)

Quadro 1 Painel de tratados, pactos e políticas públicas *(continuação)*

Pacto de San José da Costa Rica (1969) Assinado pelo Brasil em 1969 e ratificado em 1992, o pacto estabelece garantias fundamentais, incluindo direito à vida, integridade pessoal, liberdade e acesso à justiça. Defende que os Estados devem adotar medidas para garantir proteção especial a grupos em vulnerabilidade. **Impacto:** sustenta políticas de enfrentamento à violência contra a população em situação de rua, promovendo a responsabilização por violações de direitos humanos e reforçando a necessidade de atendimento integral e intersetorial.
Declaração de Alma-Ata sobre Atenção Primária à Saúde (1978) Documento global que reconhece a atenção primária como estratégia essencial para garantir saúde universal. O Brasil aderiu à Declaração de Alma-Ata, que influenciou a criação do SUS e a concepção da Política Nacional de Atenção Básica. **Impacto:** fundamenta a atuação dos Consultórios na Rua e da Rede de Atenção Psicossocial, garantindo acesso à saúde para populações vulnerabilizadas. Reforça a necessidade de abordagens integradas e sem barreiras para garantir equidade.
Declaração de Vancouver sobre Assentamentos Humanos (1976) Reconhece a moradia como um direito humano fundamental e recomenda a implementação de políticas habitacionais para populações em vulnerabilidade. O Brasil aderiu ao compromisso, influenciando a formulação de políticas públicas de habitação social. **Impacto:** sustenta programas como Minha Casa, Minha Vida e locação social, promovendo alternativas de moradia para a população em situação de rua. Também embasa políticas contra despejos forçados e para ampliação do acesso à moradia digna.
Constituição da República Federativa do Brasil de 1988 A Constituição Federal de 1988 consolidou a saúde, a moradia, a assistência social, a educação e a segurança como direitos fundamentais, garantindo proteção a todos os cidadãos, especialmente aos mais vulneráveis. O artigo 196 estabelece que a saúde é direito de todos e dever do Estado, enquanto o artigo 203 assegura a assistência social a quem dela necessitar, independentemente de contribuição. **Impacto:** serviu de base para a formulação de políticas públicas voltadas à equidade, possibilitando a criação do SUS e do Sistema Único de Assistência Social (SUAS). Ao reconhecer a necessidade de políticas inclusivas, a Constituição orienta a priorização de grupos em situação de vulnerabilidade, como a população em situação de rua.
Lei Orgânica da Saúde (Lei nº 8.080/1990) Regulamenta o SUS, determinando que os serviços de saúde devem ser organizados com base nos princípios da universalidade, equidade e integralidade. Garante que a assistência à saúde deve ser oferecida a toda a população, independentemente de condição socioeconômica. **Impacto:** ampliou o direito à saúde para populações vulnerabilizadas, estabelecendo que o acesso não pode ser restringido por falta de documentação ou moradia fixa. Favorece a inclusão da população em situação de rua nos serviços de saúde, promovendo ações de equidade para superar barreiras de acesso.
Lei Orgânica da Assistência Social (LOAS – Lei nº 8.742/1993) Institui a Assistência Social como política pública não contributiva, garantindo proteção a indivíduos em situação de vulnerabilidade. Prevê a criação de serviços de acolhimento e o Benefício de Prestação Continuada (BPC), assegurando um salário-mínimo a idosos e pessoas com deficiência em condição de extrema pobreza. **Impacto:** garante assistência à população em situação de rua por meio de serviços de acolhimento e políticas de reinserção social. O reconhecimento da assistência como direito permitiu a ampliação de programas voltados à superação da vulnerabilidade social.

(continua)

Quadro 1 Painel de tratados, pactos e políticas públicas *(continuação)*

Declaração Universal sobre a Erradicação da Pobreza (1996)
Define a pobreza extrema como uma violação dos direitos humanos e reforça o dever dos Estados de adotar políticas públicas para sua erradicação. O Brasil é signatário e incorporou os princípios em diversas políticas sociais.
Impacto: embasa políticas de transferência de renda, assistência social e inclusão produtiva, garantindo proteção à população em situação de rua e outros grupos vulnerabilizados. Sustenta a atuação do Sistema Único de Assistência Social (SUAS).

Política Nacional de Assistência Social (PNAS – Resolução CNAS nº 145/2004)
Estabelece diretrizes para a organização da assistência social no Brasil, consolidando princípios como a intersetorialidade e a proteção social. Define o papel do SUAS na estruturação dos serviços de assistência a grupos em vulnerabilidade.
Impacto: facilitou a criação de serviços especializados para a população em situação de rua, como os Centros de Referência Especializados para População em Situação de Rua (Centro POP), fortalecendo a rede de proteção social e promovendo o acolhimento e a reinserção.

Sistema Único de Assistência Social (2005)
Instituído pela Norma Operacional Básica do SUAS. Organiza a prestação de serviços socioassistenciais no Brasil, estabelecendo níveis de complexidade para atendimento e garantindo acesso universal à assistência social.
Impacto: criou uma rede estruturada para atendimento da população em situação de rua, permitindo a oferta contínua de serviços de proteção social e promovendo a inclusão em políticas de habitação, trabalho e renda.

Convenção sobre os Direitos das Pessoas com Deficiência (2006)
Documento internacional assinado pelo Brasil e incorporado à legislação nacional em 2009, assegura direitos iguais a pessoas com deficiência, promovendo acesso a saúde, habitação, educação e trabalho.
Impacto: reforça a necessidade de acessibilidade nos serviços públicos e políticas específicas para pessoas com deficiência em situação de rua, garantindo inclusão em programas sociais e atendimento adequado no SUS.

Política Nacional para a População em Situação de Rua (Decreto nº 7.053/2009)
Reconhece oficialmente a população em situação de rua como grupo específico, garantindo-lhes acesso a direitos fundamentais e estabelecendo diretrizes para políticas públicas intersetoriais de inclusão social.
Impacto: fortaleceu a articulação entre saúde, assistência social e habitação, criando bases para programas como os Consultórios na Rua e os Centros POP. Trouxe maior visibilidade e reconhecimento da população em situação de rua como sujeitos de direitos.

Tipificação dos Serviços Socioassistenciais (Resolução CNAS nº 109/2009)
Define os serviços socioassistenciais e estrutura o atendimento especializado à população em situação de rua, padronizando os serviços de acolhimento e abordagem social.
Impacto: garante atendimento especializado e humanizado, fortalecendo a rede de assistência social e permitindo a qualificação das políticas públicas voltadas a essa população.

Estatuto da Igualdade Racial (Lei nº 12.288/2010)
Estabelece diretrizes para a promoção da igualdade racial e combate à discriminação, orientando políticas públicas em saúde, educação, trabalho, moradia e segurança. Prevê ações específicas para reduzir desigualdades estruturais que afetam a população negra.
Impacto: reforça a necessidade de políticas voltadas à população negra em situação de vulnerabilidade, incluindo aquelas em situação de rua. Ao combater o racismo estrutural, contribui para reduzir iniquidades no acesso a saúde, moradia e trabalho, promovendo maior inclusão social.

(continua)

Quadro 1 Painel de tratados, pactos e políticas públicas *(continuação)*

Política Nacional de Atenção Básica (Portaria nº 2.488/2011)
Reestrutura a Atenção Primária à Saúde no Brasil e inclui os Consultórios na Rua como estratégia específica para garantir o acesso da população em situação de rua aos serviços de saúde.
Impacto: amplia o alcance da atenção primária para grupos marginalizados, reduzindo barreiras de acesso e promovendo a busca ativa da população em situação de rua nos territórios.

Rede de Atenção Psicossocial (RAPS – Portaria nº 3.088/2011)
Estrutura a Rede de Atenção Psicossocial no SUS, integrando serviços como os Centros de Atenção Psicossocial e Unidades de Acolhimento para oferecer suporte a pessoas com transtornos mentais e usuários de substâncias psicoativas.
Impacto: a RAPS proporciona um modelo de reabilitação psicossocial, priorizando a inclusão social e a redução de danos. Para a população em situação de rua, representa um avanço no cuidado de saúde mental e na mitigação da exclusão social.

Agenda 2023: Objetivos de Desenvolvimento Sustentável (2015)
Conjunto de 17 metas globais estabelecidas pela ONU, com foco na erradicação da pobreza, promoção da saúde e redução das desigualdades. O Brasil adotou os objetivos de desenvolvimento sustentável como referência para políticas públicas.
Impacto: influencia políticas voltadas à segurança alimentar, habitação, empregabilidade e inclusão social da população em situação de rua. Apoia a implementação de estratégias intersetoriais para enfrentar determinantes sociais da saúde.

Lei de Migração (Lei nº 13.445/2017)
Substitui o Estatuto do Estrangeiro (Lei nº 6.815/1980), garantindo direitos e deveres a migrantes no Brasil com igualdade de tratamento, independentemente da situação documental. Fundamenta-se na não criminalização da migração, repúdio à xenofobia e discriminação, acolhida humanitária e inclusão social, assegurando acesso a saúde, assistência social, educação e trabalho.
Impacto: amplia a proteção de migrantes vulnerabilizados, especialmente aqueles em situação de rua, mitigando barreiras no acesso a serviços públicos e a marginalização institucional. Garante atendimento no SUS, acolhimento humanitário e regularização migratória, promovendo a inserção social de refugiados, apátridas e migrantes forçados expostos à extrema vulnerabilidade.

Declaração de Astana sobre Atenção Primária à Saúde (2018)
Atualização da Declaração de Alma-Ata, reafirma o compromisso global com a equidade na atenção primária e a necessidade de eliminar barreiras de acesso aos serviços de saúde.
Impacto: fortalece estratégias como Consultórios na Rua e serviços itinerantes, garantindo atendimento sem discriminação e sem exigência de documentação ou residência fixa.

Assistência Emergencial para Populações Vulnerabilizadas (Lei nº 13.684/2018)
Estabelece medidas de assistência emergencial para acolhimento de pessoas em situação de vulnerabilidade decorrente de fluxos migratórios provocados por crises humanitárias. A lei prevê ações integradas entre os diferentes entes federativos para garantir proteção social, acesso à saúde, moradia, educação, formação profissional e segurança alimentar para grupos em situação de risco.
Impacto: embora voltada inicialmente para fluxos migratórios, a legislação criou precedentes para ações emergenciais voltadas à população em situação de rua e outras populações vulnerabilizadas, ao prever respostas rápidas e articuladas em contextos de crise humanitária. As diretrizes de proteção social e acesso à saúde reforçam o compromisso do Estado com a atuação intersetorial na garantia de direitos fundamentais, podendo ser aplicadas em políticas voltadas à assistência a grupos historicamente marginalizados.

(continua)

Quadro 1 Painel de tratados, pactos e políticas públicas *(continuação)*

Programa Cozinha Solidária (Decreto nº 11.937/2024) Programa de segurança alimentar que oferece refeições gratuitas para populações vulnerabilizadas, com foco na população em situação de rua. É articulado com a política de segurança alimentar e nutricional e promove o fortalecimento da economia solidária. **Impacto:** garante acesso regular à alimentação, reduzindo a fome e fortalecendo a segurança alimentar. Além disso, fomenta iniciativas comunitárias de inclusão e geração de renda, contribuindo para a autonomia das populações atendidas.
Política Nacional de Trabalho Digno e Cidadania para a População em Situação de Rua (Lei nº 14.821/2024) Estabelece diretrizes para a inclusão produtiva, capacitação profissional e geração de renda da população em situação de rua, garantindo sua inserção no mercado de trabalho de forma digna e sustentável. A política prevê parcerias entre governo, setor privado e sociedade civil para a criação de oportunidades de emprego, qualificação profissional e empreendedorismo social voltados a esse grupo. **Impacto:** representa um avanço na promoção da autonomia e cidadania da população em situação de rua, possibilitando sua inserção no mercado de trabalho formal e informal. Ao incentivar ações voltadas à capacitação e empregabilidade, a política contribui para reduzir a vulnerabilidade econômica, promover o acesso a direitos sociais e favorecer a reintegração comunitária, rompendo ciclos de exclusão e marginalização.

A evolução das políticas públicas no Brasil reflete avanços significativos na promoção da equidade e na garantia de direitos fundamentais, especialmente para populações vulnerabilizadas[17]. No entanto, a lacuna entre diretrizes e implementação ainda é um desafio estrutural[18]. O Sistema Único de Saúde (SUS), concebido como modelo de acesso universal e equitativo, enfrenta limitações como subfinanciamento, fragmentação intersetorial e barreiras institucionais[19]. Da mesma forma, instrumentos legais como a Política Nacional para a População em Situação de Rua são essenciais, mas sua efetivação esbarra em desigualdades estruturais e exclusão histórica[10].

A prática profissional na saúde deve incorporar uma visão ampliada do cuidado, reconhecendo as múltiplas determinações sociais que influenciam a saúde[20]. A efetividade das políticas públicas não depende apenas de sua formulação, mas da capacidade de intervir na realidade concreta, articulando setores, promovendo acesso aos serviços e reivindicando melhores condições para o exercício da cidadania[21]. O aprofundamento das desigualdades impõe um desafio contínuo, tornando essencial um posicionamento ativo diante das limitações do modelo vigente[22]. Apesar dos obstáculos políticos e econômicos, uma prática informada e engajada tem potencial transformador, influenciando a formulação e execução de políticas mais efetivas[23].

Ao compreender e aplicar os princípios que regem a garantia de direitos, médicos de família e comunidade assumem um papel estratégico na defesa da equidade, consolidando práticas que ampliam o acesso e qualificam o cuidado[24]. Algumas ações podem concretizar esse compromisso[25-30]. São elas:

- **Mapeamento de barreiras de acesso:** identificar obstáculos enfrentados pela população e propor estratégias para reduzir desigualdades.
- **Atuação intersetorial:** estabelecer parcerias com assistência social, habitação, educação e segurança alimentar para um cuidado mais abrangente.
- **Qualificação contínua:** aperfeiçoar-se para oferecer um atendimento sensível às especificidades das populações vulnerabilizadas.
- **Promoção de políticas inclusivas:** participar de instâncias deliberativas do SUS, contribuindo para políticas públicas que ampliem o acesso à saúde.
- **Garantia de documentação e direitos:** apoiar a regularização documental dos usuários, facilitando seu acesso a benefícios e ao sistema de saúde.
- **Monitoramento e incidência política:** produzir e utilizar dados para embasar reivindicações por melhores condições estruturais e assistenciais.
- **Mobilização comunitária:** incentivar a participação social na construção de políticas de saúde, promovendo autonomia e fortalecimento comunitário.

Para que servem, então, as políticas públicas na prática da Medicina de Família e Comunidade? A instrumentalização e a compreensão dessas diretrizes ampliam sua atuação, consolidando-a como um campo de defesa ativa do direito à saúde[31]. Essa perspectiva reafirma a urgência de modelos assistenciais que garantam a universalidade e integralidade do SUS[32], ao mesmo tempo que impulsionam a construção de uma sociedade mais justa e solidária, em que o cuidado em saúde seja orientado pelos princípios da equidade e da dignidade humana.

REFERÊNCIAS BIBLIOGRÁFICAS

1. World Health Organization (WHO). Health in All Policies: Seizing Opportunities, Implementing Policies. Geneva: WHO; 2013.
2. Dahlgren G, Whitehead M. Policies and strategies to promote social equity in health. Stockholm: Institute for Future Studies; 1991.
3. Brasil. Constituição da República Federativa do Brasil de 1988. Brasília, DF: Senado Federal; 1988.
4. Marmot M, Allen J, Bell R, Bloomer E, Goldblatt P. WHO European review of social determinants of health and the health divide. Lancet. 2012;380(9846):1011-29.
5. Souza LE. O conceito de determinação social da saúde. Physis Rev Saúde Coletiva. 2017;27(1):251-76.

6. Campos GWS, Amaral MA. A clínica ampliada e compartilhada: uma aposta na recomposição dos processos de trabalho em saúde. Ciênc Saúde Coletiva. 2007;12(4):849-59.
7. Fiocruz. Desigualdades sociais e saúde: desafios da efetivação das políticas públicas. Rio de Janeiro: Fiocruz; 2021.
8. Hwang SW, Burns T. Health interventions for people who are homeless. Lancet. 2014; 384(9953):1541-7.
9. Monteiro KFG, Chioro A, Dourado DA, Magalhães LB. Atendimento à população em situação de rua no SUS: desafios e perspectivas. Ciênc Saúde Coletiva. 2021;26(9):4053-63.
10. Brasil. Ministério da Saúde. Política Nacional para a População em Situação de Rua. Brasília, DF: MS; 2009.
11. Brasil. Ministério da Saúde. Consultórios na Rua: Diretrizes para o cuidado da população em situação de rua. Brasília, DF: MS; 2012.
12. Shinn M, Gubits D, Bell S, Wood M. What works? A systematic review of homelessness interventions. Am J Public Health. 2016;106(6):e1-e9.
13. Brasil. Ministério da Saúde. Atenção à saúde da população em situação de rua: um olhar integral. Brasília, DF: MS; 2014.
14. Organização das Nações Unidas (ONU). Declaração Universal dos Direitos Humanos. Paris: ONU; 1948.
15. Foucault M. Vigiar e punir: nascimento da prisão. 9. ed. Petrópolis: Vozes; 2014.
16. Brasil. Ministério da Saúde. Rede de Atenção Psicossocial (RAPS) – Portaria nº 3.088/2011. Brasília, DF: MS; 2011.
17. Organização Mundial da Saúde (OMS). Declaração de Alma-Ata sobre Atenção Primária à Saúde. Alma-Ata: OMS; 1978.
18. Organização Mundial da Saúde (OMS). Declaração de Astana sobre Atenção Primária à Saúde. Astana: OMS; 2018.
19. Brasil. Lei Orgânica da Saúde – Lei nº 8.080/1990. Brasília, DF: Senado Federal; 1990.
20. Brasil. Lei Orgânica da Assistência Social – Lei nº 8.742/1993. Brasília, DF: Senado Federal; 1993.
21. Amore K, Baker M, Howden-Chapman P. The ETHOS definition and classification of homelessness: An analysis. Eur J Homelessness. 2011;5(2):19-37.
22. Marmot M. Social determinants of health inequalities. Lancet. 2005;365(9464):1099-104.
23. Brasil. Ministério da Saúde. Atenção Primária à Saúde: revisão de diretrizes. Brasília, DF: MS; 2017.
24. Brasil. Conselho Nacional de Saúde. Diretrizes para a Atenção Integral à Saúde da População em Situação de Rua. Brasília, DF: CNS; 2014.
25. Brasil. Ministério da Cidadania. Política Nacional de Segurança Alimentar e Nutricional. Brasília, DF: MC; 2018.
26. Ministério Público Federal (MPF). Relatório sobre violações de direitos da população em situação de rua. Brasília, DF: MPF; 2021.
27. Organização Mundial da Saúde (OMS). Social determinants of mental health. Geneva: WHO; 2014.
28. Brasil. Ministério da Saúde. A política nacional de saúde mental e os desafios do cuidado em liberdade. Brasília, DF: MS; 2020.
29. Brasil. Ministério da Saúde. Saúde da população em situação de rua. Brasília, DF: MS; 2023.
30. Organização das Nações Unidas (ONU). Diretrizes internacionais sobre direitos humanos e deslocamento forçado. Nova York: ONU; 2016.
31. Aliança Global para Saúde e Equidade. Guia de boas práticas para saúde e políticas sociais. Londres: AGHE; 2019.
32. Brasil. Ministério da Saúde. Monitoramento e avaliação de políticas públicas em saúde. Brasília, DF: MS; 2021.

Capítulo **4**

O papel do médico de família e comunidade na abordagem à pessoa em situação de rua

Jayane Moura Ribeiro
Kiara Ferreira Gomes Maciel
Lucas Eliel Beserra Moura

INTRODUÇÃO

As pessoas em situação de rua (PSR) vivem em contextos marcados por violências, exposição a riscos e fragilidades inerentes à condição. O aumento significativo da PSR reflete fragilidades sociais que perpassam décadas e que se intensificaram com a rápida urbanização ocorrida no século XX. A formação dos grandes centros urbanos deflagrou situações de desigualdade social, pobreza, desemprego e preconceito da sociedade em relação a essas pessoas, além de, muitas vezes, ausência de políticas públicas voltadas à garantia de direitos e acesso[1].

Dessa forma, o cuidado em saúde, o entendimento do processo saúde-doença e a forma de inserção desses indivíduos na rede de atenção em saúde precisam dialogar com os princípios de universalidade, integralidade e equidade do Sistema Único de Saúde (SUS).

Numa perspectiva que considera os determinantes sociais em saúde, a formação do médico de família e comunidade (MFC) engloba o atendimento a todas as pessoas, nos mais diferentes cenários de vida, com uma abordagem preferencialmente centrada na pessoa, considerando os conceitos próprios do indivíduo sobre saúde e doença.

O atendimento à PSR exige do MFC a utilização de todas as suas habilidades aprendidas, tanto clínicas quanto de comunicação e de abordagem a grupos vulnerabilizados, visto que uma das bases da sua ação acaba sendo instável: o território. Como coordenar o cuidado dessa população que é, muitas vezes, migratória? Além disso, como garantir a autonomia desses sujeitos no processo de garantia de seus direitos de saúde?

A POPULAÇÃO EM SITUAÇÃO DE RUA E A ATENÇÃO PRIMÁRIA À SAÚDE (APS)

A Política Nacional para a População em Situação de Rua (PNPSR) define PSR como o grupo populacional heterogêneo que possui em comum a pobreza extrema, os vínculos familiares interrompidos ou fragilizados e a inexistência de moradia convencional regular, e que utiliza os logradouros públicos e as áreas degradadas como espaço de moradia e de sustento, de forma temporária ou permanente, bem como as unidades de acolhimento para pernoite temporário ou como moradia provisória[2].

No cotidiano da atuação do MFC, é uma presença menos comum nas unidades básicas de saúde, seja por sua rotina marcada por intensa movimentação para busca da sobrevivência, seja pela falha da rede em fornecer acolhimento adequado a essas pessoas. Segundo uma Pesquisa Nacional de 2014[3], 43,8% da PSR procura primeiro um serviço de urgência e emergência antes de procurar uma Unidade Básica de Saúde (UBS), o que já demonstra o quanto é preciso avançar nesse sentido.

No âmbito da APS, a PSR pode acessar o atendimento por meio de qualquer UBS, mas a longitudinalidade do cuidado se torna mais factível se o acesso se der numa unidade próxima ao local onde a pessoa em situação de rua costuma passar a maior parte do seu tempo. A última edição da Política Nacional de Atenção Básica (PNAB)[4] deixa claro que é atribuição das Equipes de Atenção Básica ter atenção especial às populações que apresentem necessidades específicas, estando a PSR incluída nisso. A última PNAB fala também sobre os Consultórios na Rua (CnaR), que devem atuar junto às equipes de Atenção Básica, em apoio às suas ações.

Nesse contexto, o médico entra como um gestor de ações e atividades da equipe, além de ter importante papel na formação dos demais membros. O MFC, como a própria PNAB aponta, deve ser o médico de preferência para atuação na Atenção Básica, pela sua formação voltada para tal, como será abordado a seguir.

OS PRINCÍPIOS DA MEDICINA DE FAMÍLIA E COMUNIDADE E A PSR

De acordo com Wonca Europe[11]:

> O médico de família é o médico principalmente responsável pela prestação de cuidados abrangentes a todos os indivíduos que procuram cuidados médicos, bem como por providenciar a prestação de serviços de outros profissionais de saúde, sempre que necessário. O médico de família funciona como um generalista que aceita todas as pessoas que o procuram, ao passo que outros prestadores de cuidados de saúde limitam o acesso aos seus serviços com base em idade, sexo ou diagnóstico. O médico de família cuida do indivíduo no contexto da sua família e cuida da família no contexto comunitário, independentemente de raça, religião, cultura ou classe social. É clinicamente competente para prestar a maior parte dos seus cuidados, levando em consideração o pano de fundo cultural, socioeconômico e psicológico. Além disso, assume uma responsabilidade pessoal pela prestação de cuidados abrangentes e continuados aos seus pacientes. O médico de família desempenha o seu papel profissional quer prestando cuidados diretos, quer por meio dos serviços de outros, em acordo com necessidades de saúde das pessoas e os recursos disponíveis no seio da comunidade servida.

Além do exposto, no Brasil, a forma como a APS se organiza considera uma relação íntima entre famílias e comunidades e seus territórios, inserindo-se neles. Desse modo, o médico de família seria o profissional médico mais próximo das pessoas, incluindo aquelas em situação de rua. Existem alguns princípios norteadores da prática do MFC enquanto especialidade médica e área de conhecimento, que serão descritos a seguir com enfoque na população em situação de rua.

- **O médico de família é um clínico qualificado:** antes de tudo, é preciso deixar claro que o MFC é um profissional capacitado, um clínico capaz de lidar com a maior parte dos problemas de saúde das populações sob seus cuidados. Não se trata, portanto, de um médico que apenas encaminha e muito menos de um médico "inferior" ao especialista focal. O médico de família é um especialista e, portanto, apto a tratar dos problemas mais prevalentes da PSR, tanto de saúde física quanto mental. Algumas das doenças mais comuns nessa população fazem parte do escopo de prática diária do MFC, como tuberculose, infestações e infecções de pele e problemas de saúde mental. Sempre baseado no Método Clínico Centrado na Pessoa (MCCP), que individualiza o cuidado em saúde e considera os determinantes sociais para o entendimento e o seguimento de cada caso.

- **A atuação do médico de família é influenciada pela comunidade:** como anteriormente descrito, o médico de família atua constantemente na valorização da pessoa e considera sua plenitude ao avaliar suas relações com a família e com a comunidade em que está inserida. Nesse ponto, reside um aspecto importante no atendimento à PSR – considerar a comunidade como um ponto essencial para o estabelecimento do cuidado adequado. É necessário considerar que a comunidade se torna mais ampla ao se falar da PSR, pois muitos escolhem a rua como local de moradia, não apenas como um local de passagem; sendo assim, as percepções e os vínculos com o território se modificam e os impactos sobre a saúde daquele indivíduo podem ser maiores ou menores de acordo com as estratégias de sobrevivência que ele desenvolve e compartilha com outros sujeitos no mesmo ambiente[8].
- **O médico de família e comunidade é recurso de uma população definida:** para a PSR essa competência do MFC torna-se ainda mais significativa, visto a precariedade em recursos, muitas vezes, para a sobrevivência digna desses indivíduos. A ausência desses recursos predispõe a maior vulnerabilidade a violência, alimentação e acesso a água incertos, ausência de condições de higiene adequadas, privação de sono, entre outras[1]. O MFC, sendo o recurso de uma população, carrega consigo a responsabilidade contínua sobre o cuidado, independentemente da condição de saúde em que estão. Cada novo contato é uma oportunidade de retomar o acompanhamento e reavaliar as necessidades e os diferentes problemas de saúde[8].
- **A relação médico-pessoa é fundamental para o desempenho do médico de família e comunidade:** essa relação traz consigo características que são essenciais para o relacionamento entre duas pessoas, pois é pautada na compaixão, paciência, compreensão e honestidade[8]. O médico de família enxerga nesse relacionamento um grande compromisso em ser fiel ao bem-estar dos indivíduos, mesmo que elas não consigam ter essa percepção tão bem estabelecida. A PSR é um grande desafio para a construção dessa relação, pois nem sempre é possível fazer contatos repetidos para a construção do relacionamento, visto a característica migratória de parte

dessa população; mas também pode ser avaliada a enorme potencialidade desse vínculo, objetivando-se os frutos ao longo do tempo e a capacidade curativa que essas interações podem trazer para o cuidador e para quem recebe o cuidado.

O CURRÍCULO BASEADO EM COMPETÊNCIAS PARA O MFC E A PSR

Na formação do MFC estão previstas várias habilidades, que foram organizadas no currículo baseado em competências[5] pela Sociedade Brasileira de Medicina de Família e Comunidade.

Na base desse currículo está o conhecimento da Atenção Básica e a compreensão de que ela deve ser o local de primeiro acesso para o cuidado de todas as populações, mas especialmente de grupos mais vulneráveis, como a PSR. Também está na base desse currículo o conhecimento da teoria das Concepções e Determinação Social do Processo Saúde-Doença, essencial para a compreensão dos porquês das patologias – físicas, mentais e sociais – que acometem mais prevalentemente esse grupo.

Para além da abordagem clínica de agravos presentes em cada grupo, em sua formação, o MFC é treinado e incentivado a utilizar o Método Clínico Centrado na Pessoa (MCCP)[6], que tem por base o respeito às expectativas e desejos do paciente, o entendimento da pessoa como um todo, a elaboração de um plano conjunto e o fortalecimento da relação médico-paciente, essenciais para a criação de vínculo e, por conseguinte, do objetivo maior, que é manter longitudinalidade de atendimento da PSR.

Para isso, pode-se utilizar de várias abordagens como a Abordagem Familiar e a Abordagem Comunitária. A Abordagem Familiar permite ao MFC chegar na estrutura que, muitas vezes, é a causa da situação de rua e que, mesmo não sendo, é uma das pontes que precisa ser refeita em algum nível para superá-la. Uma pesquisa realizada em São Paulo em 2015[7] mostra que, para aqueles que têm familiares vivos, 38,9% não mantêm contato com eles e 14,5% mantêm contatos espaçados entre 2 meses e 1 ano. Daqueles que mantêm contato, quase 30% consideram a relação com seus familiares ruim ou péssima. Através de instrumentos como o Genograma e o Ecomapa, é possível descobrir essas relações familiares, procurar redes de apoio que possam ajudar essas pessoas, incluindo a possibilidade de recriação de laços rompidos.

Já a abordagem comunitária se faz necessária na medida em que existem pessoas que têm na rua sua moradia permanente, não havendo mais uma relação de estranhamento em relação a ela, mas de pertencimento[8]. Isso se dá com a comunidade do local, sendo necessário entender as relações estabelecidas e a forma como elas impactam na vida da PSR, por meio do apoio e acolhimento mútuos.

Todo esse trabalho deve ser feito preferencialmente em Equipe Multiprofissional. A PSR conta, seguindo a última PNAB[4], com os Consultórios na Rua (CnaR), que devem atuar junto às Equipes de Saúde da Família para o cuidado dessas populações que vivem em suas áreas adstritas. Em Fortaleza, por exemplo, o último censo da população de rua[9], de 2021, mostra que existe PSR em todas as 12 regionais em que o município é dividido, apesar de se concentrarem mais nas regionais que abrangem bairros centrais. Sendo assim, a atenção a essa população deve fazer parte da coordenação do cuidado de todas as equipes. Os CnaR atuam de forma itinerante, com ações na rua, em instalações específicas, na unidade móvel e também nas instalações das UBS do território onde está atuando, sempre articuladas e desenvolvendo ações em parceria com as demais equipes que atuam na atenção básica do território[4], como ESF e NASF. O trabalho em equipe é uma das competências do MFC, bem como o trabalho em rede. Faz parte do currículo baseado em competências da Sociedade Brasileira de Medicina de Família e Comunidade (SBMFC) o conhecimento dos recursos de proteção ao cidadão em situação de rua: comunicação com o Centro de Referência de Assistência Social (CRAS) e com o Centro de Referência Especializado de Assistência Social (CREAs) para obtenção de auxílio e contato com o Centro de Atenção Psicossocial (CAPS) para aqueles que necessitarem de algum acompanhamento além do da Atenção Primária à Saúde (APS), por exemplo.

O cuidado com a PSR também pode ser feito por meio da Atenção Domiciliar, mesmo que o domicílio seja a rua ou uma moradia precária. Nessa população, a ida ao território se faz ainda mais necessária, haja vista ela estar sujeita e vulnerável às suas mudanças de forma implacável, pois, segundo Savassi[10], quando o domicílio é a rua, fazer atenção domiciliar é, na verdade, produzir o cuidado na rua. Esse é o cotidiano das equipes de CnaR que encontram as pessoas nos espaços que elas habitam, relacionam-se afetiva, amorosa e sexualmente, preparam alimentos, fazem a higiene corporal, descansam, divertem-se e trabalham, enfim, vivem.

Outra faceta da atuação do MFC que se mostra mister no trabalho com a PSR é a sua alta resolutividade. Tanto com o uso de ferramentas e abordagens já explicitadas, o MFC também tem em suas competências a habilidade de realizar diversos procedimentos de baixa complexidade, como inserção de DIU, drenagem de abscessos, realização de suturas, agulhamento seco etc., sendo muito importante na lógica de aproveitar oportunidades de resolução de problemas em uma população que não tem lugar fixo e que pode ser móvel.

Ainda dentre as competências do médico especialista em Medicina de Família e Comunidade, está a Vigilância em Saúde, ou seja, a responsabilidade sanitária sobre as pessoas de sua área adstrita. Isso envolve conhecer as condições de saúde mais prevalentes no seu território, que necessariamente passa por notificá-las e promover ações para minimizar seus impactos. Existem condições que são mais prevalentes em PSR, como tuberculose, infestações de pele, vírus respiratórios e problemas de saúde mental, além dos agravos decorrentes da dificuldade de acesso a exames de rastreio e acompanhamento longitudinal. Sendo assim, na atenção à PSR, o MFC deve focar em ações que visem as questões mais prevalentes e usar seus conhecimentos de vigilância em saúde para tentar amenizá-los e diminuir iniquidades em saúde.

Por último, existem temas transversais a essas populações com os quais o MFC deve ter uma sensibilidade e conhecimento para manejo, como cuidado à população em dependência de substâncias psicoativas, cuidado à população LGBTQIAP+, cuidado à população privada de liberdade, entre outros. Conhecer como promover redução de danos, orientação de saúde sexual e reprodutiva, indicação de profilaxia pré-exposição (PrEP), além de um atendimento centrado na pessoa e livre de preconceitos é essencial para a promoção de vínculo nesses casos.

CONCLUSÃO

O cuidado em saúde à população em situação de rua (PSR) ainda é um grande desafio, mas já é possível enxergar impactos positivos nos últimos anos, principalmente no que tange à estruturação e ao entendimento dos profissionais mais adequados para realizarem esse cuidado, dentre eles o MFC.

Diante do exposto no capítulo, é essencial compreender que a abordagem do médico de família e comunidade é diferenciada e voltada a cuidar do indivíduo como um todo, considerando os mais variados aspectos de sua vida, inclusive a realidade social em que está inserido, alinhando-se, assim, às características da PSR.

Os princípios de atuação do MFC, as competências que são aprimoradas durante a formação desse especialista e a forma como ele está inserido na rede de saúde, de forma mais ampla, corroboram para a escolha desse especialista médico, conforme a última PNAB, como o médico de preferência para atuar junto à Atenção Básica e ao cuidado da PSR.

É válido ressaltar que ainda existem barreiras sociais a serem ultrapassadas para que essa população tenha seus direitos garantidos, mas que dialogar sobre essa temática no âmbito dos espaços públicos e de formação acadêmica/profissional já é um avanço e uma esperança para transformações futuras.

REFERÊNCIAS BIBLIOGRÁFICAS

1. Brasil. Ministério da Saúde. Secretaria de Gestão Estratégica e Participativa, Departamento de Apoio à Gestão Participativa. Saúde da população em situação de rua: um direito humano/ Ministério da Saúde, Secretaria de Gestão Estratégica e Participativa, Departamento de Apoio à Gestão Participativa. Brasília: Ministério da Saúde; 2014.
2. Brasil. Decreto nº 7.053, de 23 de dezembro de 2009. Institui a Política Nacional para a População em Situação de Rua e seu Comitê Intersetorial de Acompanhamento e Monitoramento, e dá outras providências. Diário Oficial da União: Brasília, DF; 2009. Disponível em: https://www.planalto.gov.br/ccivil_03/_ato2007-2010/2009/decreto/d7053.htm. Acesso em: fev. de 2025.
3. Equipe de Consultório na Rua/Rio de Janeiro. Diretrizes, metodologias e dispositivos do cuidado no POP RUA. Rio de Janeiro: Rede Humaniza SUS. Disponível em: https://redehumanizasus.net/acervo/diretrizes-metodologias-e-dispositivos-do-cuidado-no-pop-rua/. Acesso em: fev. de 2025.
4. Ministério da Saúde. Portaria nº 2.436, de 21 de setembro de 2017. Aprova a Política Nacional de Atenção Básica, estabelecendo a revisão de diretrizes para a organização da Atenção Básica, no âmbito do Sistema Único de Saúde (SUS). Diário Oficial da União: Brasília, DF; 2017. Disponível em: https://bvsms.saude. gov.br/bvs/saudelegis/gm/2017/prt2436_22_09_2017.html. Acesso em: fev. de 2025.
5. Sociedade Brasileira de Medicina de Família e Comunidade. Currículo Baseado em Competências para Medicina de Família e Comunidade. Rio de Janeiro: 2014. Disponível: https://www.sbmfc.org.br/wp-content/uploads/media/Curriculo%20 Baseado%20em%20Competencias(1).pdf. Acesso em: fev. de 2025.
6. Stewart M, Brown JB, Weston WW, McWhinney IR, McWilliam CL, Freeman TR. Medicina centrada na pessoa: transformando o método clínico. 3. ed. Porto Alegre: Artmed; 2017.
7. Prefeitura de São Paulo. Pesquisa censitária da população em situação de rua, caracterização socioeconômica da população adulta em situação de rua e relatório temático de identificação das necessidades desta população na cidade de São Paulo. São Paulo; 2015. Disponível em:

http://www.prefeitura.sp.gov.br/cidade/secretarias/upload/assistencia_social/censo/SUMARIO%20EXECUTIVO.pdf. Acesso em: fev. de 2025.

8. Gusso G, Lopes JMC, Dias LC. (Orgs.) Tratado de medicina de família e comunidade: princípios, formação e prática. 2. ed. Porto Alegre: Artmed; 2019.
9. Secretaria Municipal dos Direitos Humanos e Desenvolvimento Social. Relatório do Censo geral da população em situação de rua da cidade de Fortaleza/CE. Fortaleza: Prefeitura de Fortaleza; 2021. Disponível: https://desenvolvimentosocial.fortaleza.ce.gov.br/images/Relat%C3%B3rio_Censo_-_Atualizado_compressed.pdf. Acesso em: fev. de 2025.
10. Savassi LCM, Melo CGL, Dias MB, Ribeiro MTAM, Zachi MLR, editores. Tratado de Atenção Domiciliar. 1ª ed. Barueri: Manole; 2023.
11. Wonca Europe. A definição europeia de medicina geral e familiar. Barcelona: OMS Europa; 2002. Disponível em: http://www.woncaeurope.org/sites/default/files/documents/European%20Definition%20in%0Portuguese.pdf. Acesso em: fev. de 2025.

Capítulo **5**

A dimensão "inter" na atuação junto à população em situação de rua

Gabriel Liberato
Esequiel Pagnussat

INTRODUÇÃO

Este capítulo abordará algumas das dimensões essenciais para o cuidado integral da população em situação de rua (PSR), que são a intersetorialidade, a interprofissionalidade e a interdisciplinaridade. Destaca-se que essas dimensões não estão restritas apenas ao campo da saúde e às pessoas que estão em situação de rua (PopRua), mas compõem um conjunto articulado de diversas políticas sociais transversais, como: saúde mental, assistência social, educação, direitos humanos, sistema penitenciário, sistema de justiça, setor de moradia e habitacional, políticas de trabalho e geração de renda, entre outras. O ponto de partida será conceituar o prefixo "inter" que significa "entre", de tal modo que expressa a ideia de "reciprocidade", "interior de dois", "cruzamento", "encontro" e "conjunto de elementos comuns".

Após uma breve conceituação, serão analisadas a consolidação de algumas políticas sociais no Brasil e suas possíveis articulações intersetoriais com a área da saúde. Por fim, será proposta uma conexão dessas articulações com os conceitos centrais de interprofissionalidade e interdisciplinaridade. Essa conexão ajudará a compreender o trabalho em equipe e os atributos de núcleo e campo nas *práxis* do cuidado relacionado a PSR, como também as dimensões específicas das pessoas em situação de rua.

BREVE HISTÓRICO

Após o fim do regime militar e a promulgação da Constituição Federal de 1988, o Brasil passa a formular leis e políticas públicas de caráter universal. Cabe destacar que, apesar do cerceamento político imposto entre 1964 e 1985, algumas políticas e estruturas governamentais foram criadas para atender as demandas assistenciais da população. Contudo, foi a partir da abertura política e manifestações de alguns movimentos sociais que o Estado brasileiro assumiu a responsabilidade de garantir o bem-estar da população. A nova Constituição propôs avanços significativos, instituindo direitos civis, políticos e sociais. Seria a formalização da construção de um projeto nacional que tinha em sua base legislativa e jurídica uma agenda de justiça e transformação social na tentativa de superar a pobreza, a miséria, as iniquidades em saúde, as desigualdades sociais e a falta de acesso a bens sociais e culturais.

As transformações ocorridas nesse período permitiram algumas mudanças nas estruturas e instituições de atenção sociossanitárias, de modo que ações e regulamentações setoriais que eram prioritariamente executadas até então pela iniciativa privada – ou pelo terceiro setor – foram assumidas pelo Estado. Assim, partindo do modelo de Estado de Bem-Estar Social, semelhante aos modelos de *Welfare State*, criados em alguns países da Europa, buscou-se implementar a Seguridade Social, que tem como principais pilares a Saúde, a Assistência Social e a Previdência Social. Com base em leis e decretos, foram criados o Sistema Único de Saúde (SUS) em 1990, o Instituto Nacional de Seguridade Social (INSS) em 1990 e o Sistema Único de Assistência Social (SUAS) em 2004.

A Saúde no Brasil, na perspectiva de política pública, concebida como universal, integral, equitativa, regional e com participação social foi regulamentada pela Lei nº 8.080/1990 e complementada pela Lei nº 8.142/1990, tendo suas demais portarias e decretos criados nos anos subsequentes. Não será aprofundada a discussão acerca dos princípios e do modelo organizativo do SUS, alicerçado na Atenção Primária à Saúde (APS), nem na discussão acerca do Consultório na Rua. Contudo, será abordada brevemente a política de Saúde Mental.

POLÍTICA DE SAÚDE MENTAL NO BRASIL

A saúde mental no Brasil é um terreno historicamente marcado por disputas, seja a nível técnico/epistemológico e/ou político/ideológico. Não cabe aqui um extenso resgate histórico, mas vale destacar as principais referências na sua constituição, que tem como marco legal e operacional a Lei Federal nº 10.216/2001, conhecida como Lei da Reforma Psiquiátrica, de autoria do deputado Paulo Delgado[1]. É importante pontuar que a Lei da Reforma Psiquiátrica brasileira foi efetivada tendo como base os princípios propostos pela Declaração de Caracas e pela II Conferência Nacional de Saúde Mental, ocorrida em 1992. Além disso, teve influência da Reforma Psiquiátrica Italiana, ocorrida em 1978, tendo um de seus maiores símbolos o médico psiquiatra Franco Basaglia[2].

No Brasil, a reforma acontece em um contexto de tensionamentos políticos e sociais puxado pelo movimento da luta antimanicomial, que durante a década de 1980 começou a reivindicar as pautas políticas da saúde mental em torno de um movimento organizado. Cabe mencionar que até o início da década de 1990, a saúde mental no Brasil funcionava basicamente a partir de dois grandes eixos: o atendimento ambulatorial individual e as internações psiquiátricas em instituições, cujo formato era o modelo de tratamento asilar, obedecendo a uma lógica hospitalocêntrica de privação e exclusão dos sujeitos. Esse modelo de tratamento é a caricatura clássica dos manicômios psiquiátricos que, ao longo dos anos, foram paulatinamente se transformando nos atuais hospitais psiquiátricos.

A partir da Lei nº 10.216/2001 foram propostas novas formas de atendimento e concepção do sujeito, assim como toda uma rede de serviços substitutivos[1]. Foi implementada a Rede de Atenção Psicossocial (RAPS), tendo os Centros de Atenção Psicossocial (CAPS) como principal dispositivo de referência, além de outros programas e serviços. Com essas mudanças, garantiu-se o direito de acesso universal e integral ao tratamento em saúde mental, prioritariamente, de base comunitária, em que deve ser realizado de maneira humanizada. Assim, busca-se a proteção contra abusos, negligências e violências, objetivando o fortalecimento dos vínculos familiares, a inserção no trabalho, na comunidade e em outros espaços de convívio social. A lógica da internação foi alterada, sendo indicada somente nos casos em que os recursos extra-hospitalares forem insuficientes, ou seja, a internação passou a ser utilizada como último recurso.

Essa proposta muda o modelo hospitalocêntrico de "saber-poder-fazer" vigente até então no campo da saúde mental e estabelece assistência integral em todos os equipamentos e serviços da rede de saúde, com práticas de atendimento psicológico, ocupacional, terapias diversas, além do acompanhamento médico. A reforma psiquiátrica, portanto, não implica apenas a descentralização da atenção hospitalar, mas a implementação de um novo conceito para saúde mental, um novo lugar para a loucura e o sofrimento psíquico na sociedade.

Outro conjunto de transformações implementadas no campo da saúde mental foi a perspectiva da Redução de Danos (RD) como diretriz de tratamento e produção de cuidado para as demandas de álcool e outras drogas. Reduzir os danos reflete uma proposta "ética-clínica-política" na qual se busca a autonomia e o protagonismo do sujeito em relação ao uso de substâncias psicoativas. Esse modelo tem como horizonte o uso menos prejudicial, de modo que cada sujeito consiga progressivamente diminuir os riscos e os danos causados pela droga. A RD foi implementada no Brasil em 2003 e atualmente sofre constantes ataques da ala política que se apresenta como fundamentalista, conservadora e religiosa. Essa corrente sustenta-se em um discurso no qual a droga é concebida como mal absoluto, resultando na adesão e defesa de um programa de tratamento fundamentado na abstinência total[3].

É fundamental o aprofundamento teórico, prático e político da RAPS para atuação junto à PopRua, tendo em vista que a droga, por vezes, torna-se questão central na vida dessas pessoas. Demandas de sofrimento mental e transtornos psiquiátricos são constantemente observados nos equipamentos de saúde, independentemente do nível da atenção, que atendem ou acompanham a PSR. Na interface da questão das drogas, do sofrimento psíquico, da saúde mental e da PopRua, emergem as "Comunidades Terapêuticas" como "saída" e alternativa frequentemente utilizada pelo Estado. Esses dispositivos frequentemente reproduzem a lógica manicomial, resultando em violações de direitos[4].

Dessa forma, conclui-se essa breve apresentação sobre a relação entre o campo da saúde e da saúde mental. Em seguida, serão abordadas as políticas públicas voltadas à garantia de direitos sociais e à prevenção de situações de vulnerabilidade e risco, com foco na política de Assistência Social.

POLÍTICA DE ASSISTÊNCIA SOCIAL

A Assistência Social como política pública surge como direito do cidadão na Constituição Federal de 1988. Contudo, sua implementação legal ocorreu apenas em 2004, a partir da aprovação da Política Nacional de Assistência

Social (PNAS), seguida pela construção do Sistema Único de Assistência Social (SUAS) em 2005[5]. O SUAS é a unidade institucional responsável pelo planejamento, gestão e execução da PNAS. Antes de sua implantação, a assistência social historicamente apresentava práticas de clientelismo, primeiro-damismo e filantropia, assumindo um caráter de ajuda, caridade e benemerência[6].

A PNAS possui caráter universal e igualitário, sendo direito de todo cidadão que dela necessitar[7]. No entanto, apesar de se propor universal, na prática ela exige critérios para sua aplicação, ou seja, ela é universal a nível de direito, pois não requer contribuição, mas é destinada a quem dela precisar, na medida em que estabelece condições para acesso. Diferentemente da Política de Saúde, por exemplo, na qual todos têm acesso independentemente de critérios. A PNAS deve ser descentralizada e participativa em sua gestão. Seus princípios incluem a matricialidade sociofamiliar, a territorialização, a proteção proativa e o funcionamento em rede hierarquizada por níveis de complexidade[7]. Busca ainda prover proteção à vida, reduzir danos, monitorar populações em risco e prevenir a incidência de agravos em face das situações de vulnerabilidade[7].

A estrutura do SUAS é dividida entre a Proteção Social Básica e a Proteção Social Especial. A Proteção Social Básica (PSB) é destinada à população que vive em vulnerabilidade social, seja em decorrência da pobreza, de privações (ausência de renda, precário ou nulo acesso aos serviços públicos, entre outros) e/ou fragilização de vínculos afetivos (relacionais e de pertencimento social)[8]. Já a Proteção Social Especial (PSE) é destinada à população em situação de risco social, com vínculos sociais e comunitários extremamente fragilizados ou rompidos[8]. Geralmente é na PSE que a PSR é atendida.

Existem diferentes dispositivos que executam o atendimento e acompanhamento dos sujeitos nas proteções sociais. Na PSB, o principal serviço é o Centro de Referência da Assistência Social (CRAS), também conhecido como a porta de entrada da assistência social. O CRAS é composto por técnicos de nível médio e superior, sendo esses, prioritariamente, psicólogos e assistentes sociais. A PSE se organiza em torno de dois eixos: a proteção social de média complexidade e a de alta complexidade. A primeira se configura quando há a situação de violação de direitos, mas sem o comprometimento dos vínculos familiares. O principal serviço ofertado pela média complexidade é o Centro de Referência de Assistência Social (CREAS). Especificamente para a PSR, cidades de médio e grande porte podem ofertar o Centro de Referência Especializado para População em Situação de Rua, conhecido como Centro Pop. Já a segunda – a proteção especial de alta complexidade –, além da violação de direitos, tem-se a necessidade de imediata intervenção com vistas à proteção integral, ou seja, casos que demandam urgência. Dentre esses serviços estão as diferentes modalidades de acolhimento institucional.

Em sua estrutura, o SUAS disponibiliza aos usuários diversos serviços e benefícios em seus variados dispositivos. Entretanto, neste capítulo serão abordados apenas alguns que se articulam com a temática relacionada à PopRua. Dentre os benefícios, destacam-se o Programa Bolsa Família (PBF) e o Benefício de Prestação Continuada (BPC).

O PBF é o maior programa de transferência direta de renda do Brasil, no qual famílias ou indivíduos em situação de vulnerabilidade e pobreza recebem um valor repassado prioritariamente para a mulher, de acordo com a renda *per capita* da família[9]. O BPC (LOAS) garante a transferência mensal de um salário-mínimo ao idoso ou pessoa com deficiência (de qualquer idade, com impedimentos de longo prazo, de natureza física, mental, intelectual ou sensorial), que comprovem estar em situação de vulnerabilidade e não possuam meios para prover a própria manutenção, nem ser providos por sua família[9]. A unificação de todas as informações dos usuários do SUAS ocorre por meio do Cadastro Único para Programas Sociais (CadÚnico), ferramenta utilizada na integração das informações para implementação prática da política.

Quanto aos principais serviços e equipamentos ofertados para atendimento da PSR na assistência social é possível destacar o Serviço de Abordagem Social, que geralmente é ofertado pelo CREAS, mas também pode ser realizado pelo Centro Pop. Esse serviço busca identificar em espaços públicos famílias e indivíduos em situação de risco pessoal e social (trabalho infantil, exploração sexual de crianças e adolescentes, situação de rua, uso abusivo de crack e outras drogas), visando garantir direitos e atender às necessidades imediatas e incluí-las na rede de serviços socioassistenciais e nas demais políticas públicas. Outro equipamento importante é o Centro Pop, que é um espaço que atende especificamente a população em situação de rua. No Centro Pop, a PSR tem acesso a refeições, higiene pessoal e lavanderia, além de receber auxílio para a obtenção de documentos e o armazenamento de pertences. Também pode obter informações sobre trabalho e acessar direitos sociais.

Existem outras modalidades de equipamentos e serviços que compõem a rede de assistência social para a PSR, mas que dependem da realidade de cada cidade e estado. As Instituições de Acolhimento, como abrigos e albergues, visam ofertar espaço de higiene, alimentação e dormitório coletivo, podendo ser um equipamento estatal ou em parceria com a sociedade civil[10]. Existem algumas iniciativas de moradia baseada em repúblicas, onde famílias e/ou pequenos grupos de pessoas em situação de rua permanecem provisoriamente em um espaço coletivo de casa. Destaca-se também a importância dos restaurantes populares, que possibilitam o acesso a alimentação saudável, suprindo as necessidades nutricionais básicas da PSR[10].

Diante disso, torna-se essencial que os profissionais que atuam em algum equipamento específico das políticas voltadas à PSR conheçam e articulem estratégias de cuidado com os demais dispositivos da seguridade social e demais políticas transversais.

INTERSETORIALIDADE

Efetivar a articulação entre diferentes políticas públicas, financiamentos, equipamentos e setores tornou-se um enorme desafio para a gestão e para os profissionais que atuam na linha de frente dos serviços. Junqueira[11] aponta que "cada política social encaminha a seu modo uma solução, sem considerar o cidadão na sua totalidade e nem a ação das outras políticas sociais". Isso gera desarticulação, fragmentação e ausência de coordenação entre ações dentro de uma mesma política e também junto às demais políticas públicas. Dessa forma, a intersetorialidade busca promover a articulação entre as diferentes políticas por meio de ações integradas, visando superar a fragmentação do atendimento às necessidades da população e envolvendo, nesse processo, diferentes setores sociais[12].

Na prática, pode-se observar as dificuldades na articulação dos diferentes níveis da rede de atenção à saúde. Por exemplo, o Consultório na Rua (CnR) frequentemente enfrenta barreiras para encaminhar usuários às Unidades Básicas de Saúde (UBS), seja pela falta de comprovante de endereço ou pela dificuldade da PSR em acessar serviços no Centro de Atenção Psicossocial (CAPS), que muitas vezes restringe o atendimento a pessoas com transtornos mentais graves, sem estrutura para acolher aqueles que fazem uso abusivo de substâncias psicoativas[12]. Além disso, os equipamentos de saúde enfrentam dificuldades para encaminhar a PSR aos setores da educação e da assistência social, com o objetivo de possibilitar o retorno desses indivíduos à educação pública ou ao acesso a benefícios sociais.

Diante desse cenário, a intersetorialidade surge como um enfoque essencial para abordar a articulação das distintas realidades vivenciadas pela população que acessa as políticas públicas.

No Sistema Único de Saúde (SUS), a intersetorialidade é um tema central nas diretrizes e portarias que regulam sua gestão, organização e atuação. A Portaria nº 2.436/2017[13], que regulamenta a Política Nacional de Atenção Básica (PNAB) na Rede de Atenção à Saúde (RAS), enfatiza a intersetorialidade em diversos momentos. Destaca-se que a intersetorialidade deve orientar processos de trabalho que integrem a Vigilância em Saúde, a Atenção Básica e todos os pontos da RAS com os setores comunitários, públicos e sociais. Essa integração busca alcançar a integralidade da atenção à saúde, permitindo planejamento descentralizado e ações voltadas a um território específico e vinculado a uma UBS[14].

É importante frisar que o território não se limita ao território geográfico e físico, como costuma ser definido nas políticas públicas, mas abrange também as dimensões cultural e existencial. O território existencial é compreendido como um local de produção de subjetividade, no qual cada indivíduo, a partir de sua história de vida, atribui significados ao território[14]. Assim, a intersetorialidade também pode ser entendida como um processo que produz sentidos, práticas, saberes, discursos e modos de vida, para além apenas da manutenção e inserção num *continuum* institucional local.

Por sua vez, especificamente acerca da PopRua, o Decreto nº 7.053 de 2009[15], além de criar a Política Nacional para a População em Situação de Rua, com suas diretrizes operacionais, institui também o Comitê Intersetorial de Acompanhamento e Monitoramento da Política Nacional para a População em Situação de Rua (CIAMP-RUA) que, entre outras prerrogativas, é responsável por monitorar a execução da política assegurando a intersetorialidade. Assim, desde sua construção, a política nacional da PopRua traz em seu fundamento a intersetorialidade como estratégia permanente de mediação nos processos de trabalho de seus atores nas mais diversas políticas. É uma tentativa de incluir e qualificar a rede, resguardando a efetividade da garantia de direitos das pessoas atendidas. É atribuição dos Comitês Gestores Intersetoriais[16]:

> elaborar planos de ação com objetivos, metas, prazos, responsáveis; desenvolver um conjunto de indicadores para monitoramento e avaliação das ações previstas no plano; prever ações de comunicação acerca das conquistas, dos direitos e das ações realizadas para esse segmento da população; propor e acompanhar estudos e pesquisas acerca da população em situação de rua. Os Comitês Gestores Intersetoriais, de-

verão, também, contemplar a pactuação de responsabilidades e fluxos de articulação intersetorial institucionalizados para assegurar a atenção integral às pessoas em situação de rua. (BRASIL, 2011, p.21)

No aspecto conceitual, a definição de intersetorialidade pode ser considerada polissêmica. Schutz e Mioto[17] afirmam que a intersetorialidade pode ser entendida como complementaridade de setores, como um princípio de trabalho em rede e/ou como uma prática específica. Também pode ser definida como a articulação entre diversos sujeitos de diferentes setores sociais, cada um com seus saberes e poderes, para enfrentar problemas complexos[18]. Além disso, a intersetorialidade pode ser concebida como um modo de trabalhar, governar e construir políticas públicas, buscando superar a fragmentação dos conhecimentos e das estruturas sociais[18].

Acerca da intersetorialidade na política de assistência social, pode-se afirmar que a sua gênese é a própria intersetorialidade, tendo em vista que é articuladora na garantia de direitos sociais, que na prática se configura na articulação intersetorial, ou seja, com a articulação da rede e dos diferentes equipamentos e serviços públicos. O trabalho intersetorial nas políticas públicas possibilita maior integração das instituições com seus usuários, aproximando os agentes públicos das populações atendidas, já que são esses profissionais que decidem o destino dessas pessoas, cuja realidade muitas vezes desconhecem. Além disso, tem em seu horizonte o rompimento com a lógica de trabalho individualista, hierarquizada e vertical, modelos historicamente consolidados na construção de práticas e saberes no Brasil[18].

INTERDISCIPLINARIDADE E INTERPROFISSIONALIDADE

As demandas atendidas pelas políticas públicas são diversas e exigem uma proposta de trabalho que acompanhe sua dinamicidade. Ao circular nos serviços e dispositivos das políticas públicas que atuam com a PSR é comum o profissional escutar queixas, denúncias e insatisfações em relação a rede. Não demora muito para que se perceba as falhas na rede, decorrentes tanto da precarização e do sucateamento das políticas públicas quanto também da qualificação e formação dos atores responsáveis pela execução do serviço[18].

Diante desse cenário, cabe o trabalho em equipe orientado pela interprofissionalidade como ferramenta prática-operativa e no campo teórico-metodológico estar alicerçada na interdisciplinaridade, tendo em vista, otimizar os processos entre os profissionais da rede. Além disso, visa implantar estratégias fundamentais para integrar e otimizar os processos de cuidado dos sujeitos e sua relação com a família, com o território e a comunidade. A emergência desse modelo de atuação profissional acontece num cenário de transformações sociais, orientada em uma perspectiva de trabalho multidisciplinar e cooperativista. Isso acontece a nível metodológico, mas também na configuração de serviços ofertados, ou seja, as equipes e cargos são definidos a partir de saberes diversos, tendo em sua composição diferentes especialidades[19].

Os prefixos "inter" e "multi", nas palavras "disciplinar" e "profissional", estão disseminados nas diferentes diretrizes e orientações das políticas de saúde, saúde mental e assistência social. Ambos se referem ao nível de interação entre diferentes áreas de conhecimento ou de núcleos profissionais. O termo "disciplinar" refere-se a diferentes campos de conhecimento, do saber ou áreas de estudo; já a palavra "profissional" remete ao campo atuação e/ou área de prática. Assim, existem diferenças entre os conceitos interdisciplinar e interprofissional, bem como entre multidisciplinar e multiprofissional. Segundo Ceccim[19], tanto na atuação quanto na formação para área da saúde, são necessárias conexões e fronteiras. O autor sistematiza os conceitos e apresenta práticas colaborativas no contexto da saúde, como acolhimento, atuação em equipes de referência e de apoio matricial especializado, articulação entre campo e núcleo de conhecimentos e de práticas, apoio institucional, supervisão clínico-institucional, gestão da clínica e projeto terapêutico singular, práticas consideradas essenciais na atuação junto à população em situação de rua.

CONSIDERAÇÕES FINAIS

Neste capítulo, foram abordados brevemente princípios e fundamentos para o trabalho em equipe junto a PSR. Destacou-se a necessidade de aprofundamento acerca da Política Nacional de Atenção Básica (PNAB), da Política Nacional da População em Situação de Rua, da Política Nacional de Assistência Social e da Política de Saúde Mental que, tanto na teoria quanto na prática, destacam as dimensões da intersetorialidade, interdisciplinaridade, atuação em equipe multiprofissional e interprofissional.

Recomenda-se ainda a leitura sobre temas como "guerra às drogas", "encarceramento em massa" e "abolicionismo penal" para conexão com a perspectiva da Redução de Danos e atuação junto a pessoas que fazem uso abusivo de drogas. Além disso, para aprofundar a compreensão acerca da equidade em saúde, torna-se basilar a leitura acerca da "interseccionalidade" para analisar as linhas de poder que atravessam as dimensões de sexo, raça, classe e gênero, especialmente quando articuladas com a particularidades das pessoas em situação de rua.

REFERÊNCIAS BIBLIOGRÁFICAS

1. Brasil. Lei nº 10.216, de 6 de abril de 2001. Dispõe sobre a proteção e os direitos das pessoas portadoras de transtornos mentais e redireciona o modelo assistencial em saúde mental. Diário Oficial Eletrônico. 2001.
2. Basaglia F. A instituição negada. Rio de Janeiro: Graal; 1985.
3. Brasil. Ministério da Saúde. Política Nacional de Redução de Danos. Brasília; 2003.
4. Brasil. Ministério da Saúde. Rede de Atenção Psicossocial (RAPS). Brasília; 2011.
5. Brasil. Ministério do Desenvolvimento Social e Combate à Fome. Política Nacional de Assistência Social. Brasília; 2004.
6. Oliveira IF, Dantas CMB, Solon AFAC, Amorim KMO. A prática psicológica na proteção social básica do SUAS. Psicologia & Sociedade. 2011;23(1):140-149.
7. Brasil. Ministério do Desenvolvimento Social e Combate à Fome. Norma Operacional Básica do SUAS. Brasília; 2005.
8. Brasil. Ministério do Desenvolvimento Social. Tipificação Nacional de Serviços Socioassistenciais. Brasília; 2012.
9. Brasil. Cadastro Único para Programas Sociais do Governo Federal (CadÚnico). Brasília; 2020.
10. Brasil. Ministério do Desenvolvimento Social. Restaurantes Populares. Brasília; 2015.
11. Junqueira LA. A gestão intersetorial das políticas sociais e o terceiro setor. Saúde e Sociedade. 2004;13(1):27-34.
12. Rede Unida. Intersetorialidade na Rede Unida: Divulgação em Saúde para Debate. Rio de Janeiro; 2000.
13. Brasil. Ministério da Saúde. Portaria nº 2.436, de 21 de setembro de 2017. Brasília: Diário Oficial da República Federativa do Brasil; 2017.
14. Alvarez A, Passos E. O território como dispositivo: novas territorialidades e saúde. Interface - Comunicação, Saúde, Educação. 2010;14(32):313-326.
15. Brasil. Decreto nº 7.053, de 23 de dezembro de 2009. Institui a Política Nacional para a População em Situação de Rua. Brasília; 2009.
16. Brasil. Comitê Intersetorial de Acompanhamento e Monitoramento da Política Nacional para a População em Situação de Rua (CIAMP-RUA). Brasília; 2011.
17. Schutz F, Mioto RCT. Intersetorialidade e política social: subsídios para o debate. Sociedade em Debate. 2012;16(1):59-75.
18. Rede Unida. Intersetorialidade como estratégia de governança: desafios e possibilidades. Rio de Janeiro; 2000.
19. Ceccim RB. Conexões e fronteiras da interprofissionalidade: forma e formação. Interface - Comunicação, Saúde, Educação. 2018;22:1739-1749.

Capítulo **6**

Do "Consultório de Rua" ao "Consultório na Rua": refletindo sobre estratégias para redução de danos

Tatiana Monteiro Fiuza
Lohana Pontes Machado
Helena Fiuza Aguiar Ribeiro

O debate sobre a transição do "Consultório de Rua" para o "Consultório na Rua" extrapola uma alteração semântica, expandindo-se para o campo das ações, desfocando da saúde mental e ampliando para uma visão integral dos sujeitos em situação de rua[1]. Nessa configuração, o cuidado a pessoas em situação de rua deve integrar a Rede de Atenção Psicossocial (RAPS) que deve incorporar a Redução de Danos (RD) transversalmente em sua prática[2].

O uso de substâncias psicoativas existe ao longo da história da humanidade em diferentes sociedades, não sendo adequado que profissionais de saúde se restrinjam ao discurso hegemônico e simplista elaborado em torno do "problema das drogas" e o aparato estatal-jurídico-moral da "guerra contra as drogas"[1]. Segundo Couto e Botazzo (2023), "ao longo dos anos, algumas substâncias foram elevadas ao estatuto de problema social, devendo ser reprimidas, perseguidas e combatidas"[3].

O uso de substâncias psicoativas é frequentemente tratado pelo viés da moralidade, com a qual "se justificam" a marginalização e ações violentas contra uma parcela específica de usuários, dentre eles as pessoas em situação de rua[3].

Segundo Couto e Botazzo, "quando se refere à população de rua, o modo de operar contrafissurado funciona como álibi para a criação de territórios de estados de exceção, de extrema desumanização e violência"[3].

Diversos estudos demonstram que a adoção de estratégias de Redução de Danos (RD) possui impactos positivos nos cuidados em saúde da população em situação de rua quanto ao uso de substâncias psicoativas, sendo estas consideradas lícitas ou ilícitas em determinada sociedade e tempo histórico. Tais estudos enfatizam que a finalidade da RD não consiste em promover a interrupção e abstinência dessas substâncias[3,4,5,6].

A estratégia de RD tem como um dos objetivos reduzir os riscos relativos ao uso de substâncias, ainda que o sujeito opte por não interromper ou cessar sua relação com as drogas em determinado momento de sua trajetória. Essa abordagem requer cuidados centrados na pessoa[3].

Nessa perspectiva, a RD necessita ser pensada de forma holística, como um conjunto de competências, escutas, olhares singulares e percepções sobre situações e demandas vivenciadas pelas pessoas em situação de rua. Para Lancetti (2016), a RD se constrói através de tecnologias leves e relacionais, pautando-se na autonomia dos sujeitos em reconhecer os limites entre o uso e o uso abusivo, além de encontrar estratégias possíveis e plausíveis para reduzir os efeitos deletérios do consumo abusivo[7].

As equipes de saúde, estando nas ruas, têm a possibilidade de identificar, por meio da escuta ativa e da observação, quais são os "danos a serem reduzidos", reconhecendo a vulnerabilidade do indivíduo, mas respeitando sua autonomia nas escolhas.

Embora a condição de estar vivendo na rua seja um fator de vulnerabilidade extrema, alguns grupos apresentam camadas adicionais que potencializam a vulnerabilidade, sendo a compreensão dessa heterogeneidade fundamental para a construção de projetos singulares para a RD.

É importante ressaltar que a multiprofissionalidade e a interdisciplinaridade são forças motrizes da RD, e os especialistas devem compreender que as pessoas em situação de rua possuem questões que vão muito além das biológicas, frequentemente identificadas como prioritárias, que necessitam ser acolhidas e respeitadas pelos profissionais de saúde.

O método clínico centrado na pessoa (MCCP) e a clínica ampliada dos sujeitos constituem tecnologias leves a serem incorporadas à estratégia da RD, visto que possibilitam uma abordagem integral e efetiva aos problemas biopsicossociais.

O potencial resiliente e criativo deve ser evocado na construção de estratégias de RD. O Quadro 1 traz possíveis questionamentos para reflexão sobre vulnerabilidades, sentimentos, uso de substâncias e estratégias para redução de danos, enfatizando tanto o autocuidado quanto o apoio profissional.

Quadro 1 Reflexões para o cuidado e autonomia

- Quais são minhas vulnerabilidades?
- Quais são meus sentimentos sobre as minhas vulnerabilidades?
- Em que situações as substâncias psicoativas entram em minha vida?
- Quais caminhos vislumbro para seguir minha vida "da melhor maneira possível" neste momento que estou vivendo?
- Como os profissionais de saúde podem me apoiar nesse percurso?
- Quais estratégias para RD podemos compartilhar?

CONCLUSÃO

A lógica da higiene social, da violência e da abstinência forçada hegemoniza o *modus operandi* responsável por neutralizar singularidades de uma população heterogênea, funcionando como justificativa para ações estigmatizantes, preconceituosas e violentas contra pessoas que estão vivendo nas ruas[8]. Cabe aos profissionais que atuam nas ruas ou que acolhem essas pessoas nas unidades de saúde romper com essa lógica higienista e criar junto com os indivíduos projetos de cuidado singulares e integrais.

REFERÊNCIAS BIBLIOGRÁFICAS

1. Maciel Neves E, Longhi MR, Franch M. Antropologia da saúde: ensaios em políticas da vida e cidadania. Brasília: ABA Publicações; João Pessoa: Mídia Gráfica e Editora; 2018. 291 p.
2. Brasil. Ministério da Saúde. Portaria nº 3.088, de 23 de dezembro de 2011. Brasília: Ministério da Saúde; 2011. Disponível em: https://bvsms.saude.gov.br/bvs/saudelegis/gm/2011/prt3088_23_12_2011_rep.html. Acesso em: fev. de 2025.
3. Couto JGA, Botazzo C. A potência dos encontros entre as fissuras da rua: cuidado, afetos e redução de danos. Interface (Botucatu). 2023;27:e220224.
4. Rossi CCS, Tucci AM. Acesso ao tratamento para dependentes de crack em situação de rua. Psicol Soc. 2020;32:e170161.
5. Macedo FAV, Speçato LG, Santos AL. A atuação do consultório na rua quanto ao acesso da população em situação de rua aos serviços de saúde: uma revisão literária. CIS-Conjecturas Inter Studies. 2021;21(3):663-80.
6. Aragão CP, Ximenes MAM, Brandão MGSA, Galindo Neto NM, Caetano JA, Barros LM. Validação de álbum seriado sobre redução de danos para pessoas em situação de rua. Saúde Soc. 2022;31(1):e200939.
7. Lancetti A. Clínica peripatética. 10. ed. São Paulo: Hucitec; 2016.

Capítulo **7**

O ensino em população em situação de rua

Andrea Taborda Ribas da Cunha
José Ícaro Silva

A Pesquisa Nacional da População em Situação de Rua, realizada em 2008, afirma que o Sistema Único de Saúde (SUS), apesar de possuir um papel primordial na melhoria das condições de saúde desse grupo social, é insuficiente no que diz respeito à promoção, à prevenção, ao tratamento e à reabilitação de problemas de saúde, fazendo-se necessário que políticas públicas eficientes sejam elaboradas e os profissionais de saúde estabeleçam um compromisso de assegurar que a saúde das pessoas em situação de rua seja efetivada[1].

As universidades públicas, enquanto instituições mantidas e financiadas pelo Estado, possuem o dever social de estreitar laços com a comunidade e solidificar políticas públicas para que problemáticas sociais como a violação aos direitos da PSR sejam mitigadas. Sendo assim, é importante problematizar o ensino médico nas faculdades, uma vez que é inexequível a realização de mudanças de cunho estrutural sem interferir na capacitação dos profissionais da saúde que estão se formando e que possuem, teoricamente, a responsabilidade de atender as demandas dessa população[2].

Quando se fala em educação médica, é indispensável falar sobre as novas Diretrizes Curriculares Nacionais (DCN) dos cursos de Medicina que regem o ensino médico no país. Apesar de deficitárias, foram formuladas também com o objetivo de dirimir essa problemática, estabelecendo que o curso de Medicina deve incluir disciplinas e atividades que abordem as necessidades de saúde desses pacientes, assim como de outras populações em situação de vulnerabilidade, e que os futuros médicos consigam prestar assistência à saúde da melhor maneira possível[3]. As diretrizes explicitam que as instituições de ensino médico devem ser capazes de formar profissionais empáticos, humanizados, generalistas, dotados de uma visão holística e que possuam senso de responsabilidade social, atuando diretamente na articulação de políticas de atenção integral à saúde[4].

Além disso, em 2010 o Conselho Federal de Medicina (CFM), maior autarquia médica do país, emitiu um parecer discorrendo sobre a necessidade de considerar o exercício da medicina num contexto mais amplo, capaz de abarcar os aspectos sociais, econômicos, culturais e políticos do paciente. Dessa forma, o CFM estabelece que a função que o médico desempenha na sociedade vai além do conhecimento biotécnico, perpassando por questões complexas que exigem uma compreensão de fatores como a desigualdade e exclusão social e exigem do profissional uma visão mais crítica e reflexiva.

No entanto, é evidente que, apesar das orientações adotadas para guiar os programas de graduação em medicina nas universidades públicas do país, que propõem uma ruptura em relação ao modelo tradicional centrado no conteúdo, prevalente por muito tempo, a realidade observada dentro das instituições de ensino é a de que a educação atual ainda reflete fortemente o modelo anterior. Isso é percebido tanto na forma como a instituição avalia o desempenho dos alunos e dos professores no ambiente acadêmico, quanto na estruturação do sistema educacional no país[5].

Ao abordar o ensino da saúde da população em situação de rua, destaca-se a escassez de pesquisas e estudos acadêmicos abrangentes sobre o tema, especialmente aqueles que vão além dos fatos superficiais e que abordam os diversos determinantes sociais envolvidos no processo saúde-doença dessa população. Essa lacuna evidencia a invisibilidade social desse grupo reverberando dentro do meio acadêmico.

Assim, os profissionais de saúde formados por essas instituições acadêmicas e que atuam nos serviços públicos frequentemente não estão preparados de forma adequada para atender a essa população, pois desconhecem suas necessidades e demandas específicas, categorizando-as de maneira simplista e estigmatizando-a por meio de estereótipos sociais e rótulos. Esse cenário resulta em intervenções de natureza paliativa e higienista[6].

Pesquisas recentes, como o estudo conduzido por Lima[7], indicam que a interação durante a graduação com a população em situação de rua ajuda a desenvolver habilidades essenciais para a prática médica, como empatia, trabalho em equipe e comunicação. Além disso, essa experiência amplia a compreensão da importância da atenção primária à saúde.

Portanto, idealmente, os estudantes de medicina deveriam estar aptos a explorar os seguintes temas: as barreiras de acesso aos serviços de saúde enfrentadas pelas pessoas em situação de rua; intervenções que podem ser implementadas para atender às necessidades de saúde desses indivíduos; o papel social do médico na promoção de políticas e programas que abordem as causas subjacentes da falta de moradia, assim como outros determinantes sociais da saúde[3].

Além disso, Artenie[8] enfatiza a importância de desmitificar as associações entre a população em situação de rua e doenças estigmatizadas, promovendo informação e conhecimento sobre essas questões. Isso permite uma compreensão mais abrangente do processo saúde-doença dessa população. É crucial desfazer esses estereótipos desde a graduação, pois podem provocar sentimentos de vergonha e desconforto nesses pacientes ao buscar serviços de saúde, atrasando o tratamento de suas condições e agravando seu estado

Assim, é essencial que os profissionais de saúde estejam aptos a considerar as condições sociais dos pacientes em suas abordagens, levando em conta o impacto dessas condições na vida dos mesmos. Isso envolve a prescrição de medicamentos acessíveis, recomendações de higiene e dieta que respeitem o contexto socioeconômico e cultural do paciente, e a indicação de medidas terapêuticas que sejam viáveis para que ele possa seguir as orientações médicas[9].

Uma pesquisa realizada com estudantes de medicina em Portugal destacou a importância de uma formação mais específica para lidar com as particularidades desse grupo[10]. De maneira similar, um estudo feito no Brasil, em uma universidade pública, revelou que os alunos conseguem compreender o papel social do médico de forma geral, mas enfrentam dificuldades para tratar das demandas e especificidades em saúde de grupos vulneráveis como a população em situação de rua (PSR), por não terem sido capacitados para isso[11].

Dessa forma, evidencia-se uma disparidade entre o modelo teórico preconizado e sua aplicação prática. Alguns dos principais motivos para essa realidade incluem: a inabilidade e falta de formação técnica dos docentes em abordar satisfatoriamente o tema, a ausência de uma grade curricular que contemple de maneira integralizada esse assunto e a falta de práticas com esses grupos específicos.

Essencialmente, a presença de um bom profissional docente na formação de médicos é fundamental para garantir uma graduação de qualidade aos estudantes. Segundo Ribeiro[12], o professor tem a responsabilidade de orientar e conduzir o processo de aprendizagem, além de transmitir os princípios éticos e morais da profissão. Portanto, é fundamental que as instituições de ensino valorizem a capacitação de seus docentes para garantir uma formação de qualidade aos alunos de medicina. É crucial que esses professores sejam sensibilizados para temáticas sociais relevantes, como a população em situação de rua, de modo que o estigma e o preconceito não sejam reforçados no ambiente acadêmico, que deveria servir como um espaço de desconstrução da temática[13].

Outro ponto importante que deve ser abordado neste capítulo é a ausência de uma grade curricular fixa que contemple a população em situação de rua nos cursos de Medicina. De acordo com uma revisão sistemática realizada por Pacheco[14], a maioria dos cursos de graduação de Medicina no país não possui em sua matriz curricular uma disciplina ou eixo que trata especificamente dessa população. Como resultado, os temas relacionados a esse grupo são discutidos de maneira pontual e oportunista, sem uma estrutura curricular bem definida, o que é uma realidade presente nos cursos das universidades participantes de tal estudo.

A ausência de uma grade curricular fixa que capacite os estudantes sobre populações vulneráveis é um problema que vai além da formação acadêmica, impactando diretamente a qualidade dos serviços de saúde oferecidos a essas pessoas. É evidente, portanto, a necessidade de desenvolver e implementar políticas públicas que incluam temas relacionados à PSR na grade curricular dos cursos de medicina[14].

Um dos principais aspectos a ser levantado, além da falta de capacitação teórica, é a falta de práticas médicas com essa população durante a graduação. Segundo Wood e Tang[15], muitos cursos não incluem, de maneira permanente e mandatória, atividades práticas em ambientes diversos onde essa população se concentra, como abrigos e consultórios na rua. Isso limita a experiência dos futuros profissionais médicos no atendimento a essas pessoas. Estudos recentes, como os de Becquerel[16] e Mello[17], destacam a importância de incluir práticas que envolvam a PSR na formação dos estudantes da área da saúde. A falta de experiência clínica compromete significativamente a capacidade dos futuros médicos de lidar com essa população.

De acordo com Bernardo[18], é crucial que os médicos conheçam as políticas públicas relacionadas à PSR, especialmente aquelas que se vinculam ao Sistema Único de Saúde (SUS). Esse conhecimento é necessário para orientar esses indivíduos na busca por serviços de saúde e garantir que recebam o tratamento adequado.

Quando se pensa em residências da área da saúde (médica, multiprofissional e uniprofissional) há uma escassez sobre publicações do tema[19], tanto nacional como internacionalmente. No Brasil, o Currículo por Competências da Sociedade Brasileira de Medicina de Família e Comunidade tem uma competência descrita para o atendimento à população em situação de rua, entretanto sem a descrição específica de tarefas ou objetivos educacionais, ou mesmo subcompetências que compõem esse cuidado. Ainda assim, a Medicina de Família e Comunidade é uma das poucas áreas que prevê algo relacionado ao ensino sobre essa população no âmbito das especializações. Sendo as residências consideradas um padrão formativo importante na área da saúde, abordar o tema de ensino em populações específicas, dado suas particularidades e necessidades intersubjetivas, é de suma importância.

Portanto, não é possível falar da melhoria das condições de saúde da população estudada sem considerar a democratização do acesso à saúde, reduzindo as barreiras e dificuldades que essa população enfrenta ao tentar acessar o sistema. Essas barreiras incluem a negação de prestação de serviços públicos, horários de atendimento incompatíveis com a realidade da maioria dessa população e a falta de serviços especializados.

Conforme o Conselho Nacional de Secretários de Saúde (CONASS), incluir a PSR nas grades curriculares dos cursos de medicina é indispensável para garantir que os médicos formados possam exercer uma medicina competente e humanizada, regida pelos princípios do SUS. Essa visão é apoiada por outras organizações e entidades de saúde, como a Associação Brasileira de Saúde Coletiva (ABRASCO) e o Conselho Federal de Medicina (CFM).

O trabalho de inclusão dessa população junto ao ensino da saúde se faz prioritário, para que futuros profissionais possam responder a demandas e necessidades de saúde específicas dessa população. Entretanto, precisa-se também de cuidado para que a população não seja somente uma "vitrine" para ensino, mas sim que tenha suas necessidades respondidas, com sensibilidade e papel de defesa de seus direitos.

REFERÊNCIAS BIBLIOGRÁFICAS

1. Brasil. Ministério do Desenvolvimento Social e Combate à Fome. Pesquisa Nacional sobre a População em Situação de Rua. Brasília: MDS; 2009.
2. Mello ALSF, Moysés SJ, Moysés ST. Ensino Médico e a Saúde da População em Situação de Rua. Rev Saúde Pública. 2010;44(2):387-93.

3. Brasil. Diretrizes Curriculares Nacionais do Curso de Graduação em Medicina. Brasília: MEC; 2014.
4. Taborda A. Formação médica e responsabilidade social. J Med Educ. 2020;74(3):289-96.
5. Guimarães R. A influência do modelo educacional na formação médica. Educ Med. 2020;21(4):415-27.
6. Justino A, Lira S, Miranda G, Paiva R, Saraiva T. Atendimento à população vulnerável nos serviços públicos de saúde. Saúde Colet. 2016;12(1):55-68.
7. Lima E, Santos P, Oliveira F, et al. Experiência acadêmica e a saúde da população de rua. Med Hum Soc. 2020;15(1):33-9.
8. Artenie A, Richard J, Gabillard D, et al. Addressing homelessness stigma in medical education: a review of interventions and outcomes. Med Educ. 2020;54(8):755-63.
9. Paim J, et al. Políticas públicas de saúde no Brasil. Rev Saúde Pública. 2011;45(3):575-83.
10. Antunes R, Cardoso R, Mendes P. Formação médica e populações vulneráveis: estudo em Portugal. Med Educ. 2019;53(7):621-9.
11. Castro M, Ferreira L, Oliveira T. O ensino médico e o atendimento a grupos vulneráveis: um estudo em universidade pública brasileira. Rev Educ Méd. 2019;43(2):255-70.
12. Ribeiro M, Silva H, Fernandes C, et al. O papel do docente na formação médica: desafios e perspectivas. Rev Bras Educ Med. 2018;42(4):812-20.
13. Prado C, Silva D, Nogueira F. Sensibilização docente e ensino de populações vulneráveis. Educ Méd. 2020;22(1):98-107.
14. Pacheco K, Almeida R, Torres J. Currículos médicos e a inclusão de populações vulneráveis: revisão sistemática. Rev Bras Educ Med. 2017;41(3):456-67.
15. Wood D, Tang C. Experiências práticas e a formação médica para populações vulneráveis. Med Educ. 2018;52(5):499-506.
16. Becquerel L, Santos M, Almeida P, et al. Práticas médicas com populações vulneráveis: impacto na formação dos estudantes de saúde. Rev Bras Educ Med. 2018;42(3):590-8.
17. Mello ALSF, Souza ML, Andrade SM, et al. Formação médica e populações em situação de vulnerabilidade: desafios e perspectivas. Rev Saúde Pública. 2019;53:78.
18. Bernardo L, Soares M, Tavares G. Políticas públicas e saúde da população em situação de rua. Rev Saúde Polít. 2018;18(2):150-9.
19. Schluter M, Paiva A, Romano R. Residências médicas e o ensino sobre populações em situação de rua: uma revisão. J Med Educ. 2024;78(1):45-60.

Parte **II**

Casos clínicos

Capítulo **8**

Doenças crônicas e multimorbidade

Raoul Costa Praciano Sampaio
Raquel Matoso Freire
Bárbara Chaves Alves de Oliveira
Samuel Sombra Franklin Gondim
Clara Luiza Chaves de Oliveira
Marco Túlio Aguiar Mourão Ribeiro

CASO CLÍNICO

Em uma praça, localizada no centro da cidade de uma capital, um senhor é encontrado deitado em um banco de madeira gasto pela chuva e pelo sol. Ao seu lado, algumas roupas sujas e rasgadas e um pouco de comida, aparentemente retiradas do lixo próximo de onde estava. Um primeiro contato é feito e uma conversa é iniciada.

Subjetivo

Arnaldo, sexo masculino, 45 anos, morava em uma comunidade de Fortaleza com a mãe e a irmã, não tendo contato com o genitor, visto que este o abandonou com sua mãe ainda gestante. Além disso, tem dois filhos, de relacionamentos prévios, mas não tem contato com eles há alguns anos.

Está em situação de rua há aproximadamente cinco anos, morando em uma praça no centro da cidade. O uso frequente de álcool, tabaco e outras substâncias psicoativas o deixou agressivo em diversas ocasiões, levando-o a tomar a decisão de sair de casa para não prejudicar a família.

Afirma que nas últimas semanas vem apresentando cefaleia em região occipital, episódios de sonolência, parestesia em mãos e pés, sudorese, confusão mental associada a maior vontade de ir ao banheiro, sede e maior apetite, levando-o a buscar atendimento na Unidade de Pronto Atendimento.

Paciente mencionada ainda: "A pressão tava 20 e o açúcar lá em cima, dotô".

Relata também que há quatro dias tem percebido lesões em dorso dolorosas, com sensação de queimação, algo pruriginosas e presença de calor, rubor e edema local.

Apresenta conciliação do ciclo sono-vigília, evacuações presentes e fisiológicas. Dieta deficitária, visto que se alimenta quando encontra algo no lixo ou recebe doações, da mesma forma ocorre com a ingesta de água.

Conversou-se sobre a possibilidade de acompanhamento na Unidade Básica, entretanto, paciente afirma que não se sente à vontade, pois tem vergonha da sua situação.

Objetivo

Exame físico (realizado, de forma oportuna, no banco da praça).

Parâmetros: PA: 160 × 100 mmHg; FC: 90 bpm; FR: 16 irpm; $SatO_2$: 97%; Tax: 37,8 °C; Dx: 210 g/dL.

Geral: bom estado geral, eupneico em ar ambiente, acianótico, anictérico, febril ao toque, emagrecido.

Pele e fâneros: sujidade e escoriações por coçadura difusas, múltiplas vesículas em região intercostal lombar posterior, com base eritematosa, seguindo dermátomo. Apresenta ainda sinais flogísticos e escarificações.

Ausculta cardíaca: ritmo cardíaco regular em dois tempos, bulhas normofonéticas sem sopros.

Ausculta pulmonar: com murmúrios vesiculares universalmente reduzidos, ausência de ruídos adventícios.

Abdome: plano, ruídos hidroaéreos presentes, timpânico, flácido, indolor à palpação superficial e profunda, não foram palpadas massas ou visceromegalias.

Extremidades: perfundidas, sem edema ou cianose.

Testes: realizados testes rápidos (HIV, sífilis, hepatite B e C), todos negativos.

Avaliação

Lista de problemas:

- Vulnerabilidade social.
- Insuficiência familiar.
- Baixa ingesta calórico-proteica.
- Baixa ingesta hídrica.

- Hipertensão arterial.
- Diabetes *mellitus*.
- Herpes-zóster.
- Etilismo e tabagismo.
- Uso de substâncias psicoativas.

Genograma familiar

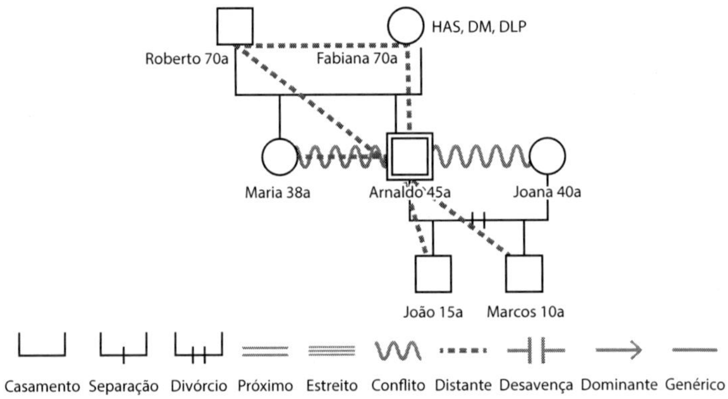

Figura 1 Genograma familiar apresentado no caso clínico.

Ecomapa

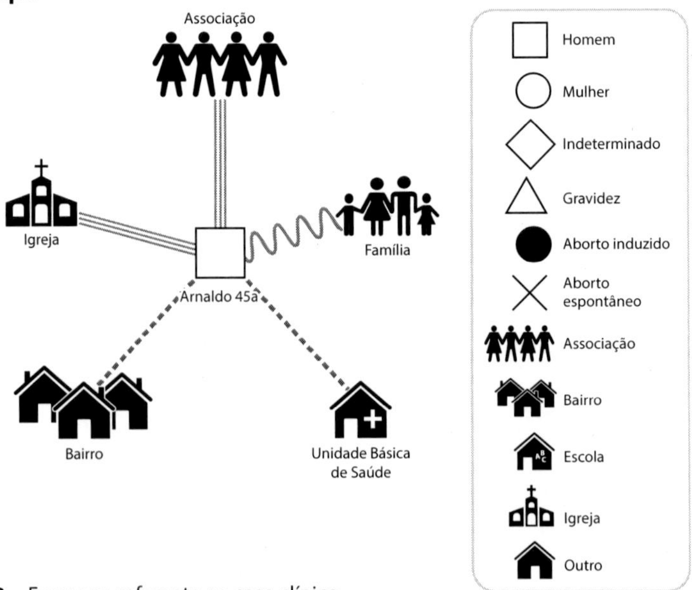

Figura 2 Ecomapa referente ao caso clínico.

DISCUSSÃO DO CASO

A população em situação de rua (PSR) é um grupo heterogêneo em idade, etnia e sexo, mas que apresenta em comum a rua como moradia e a vulnerabilidade social. Essa condição os expõe a riscos de diversas patologias, cujas complicações são potencializadas pelas condições nas quais se encontram.

Estima-se que a PSR aumentou cerca de 38% entre 2019 e 2022, ultrapassando o valor de 281 mil pessoas. Tal número representa a necessidade de estratégias de políticas públicas para aprimorar a promoção e prevenção em saúde, facilitar o acesso a serviços de saúde e assistência social, reduzindo a incidência e prevalência de doenças preveníveis e tratáveis, além de melhorar a adesão terapêutica a doenças crônicas não transmissíveis.

Diante disso, foi publicada a Resolução nº 2, de fevereiro de 2013, que define as diretrizes e estratégias de orientação para o processo de enfrentamento das iniquidades e desigualdades em saúde com foco na população em situação de rua (PSR) no âmbito do Sistema Único de Saúde (SUS). De acordo com tal resolução, foram implantadas estratégias em cinco eixos compostos por:

- Inclusão nas redes de atenção à saúde por meio de equipes de Consultórios de Rua (eCR).
- Promoção e vigilância da saúde por busca ativa e tratamentos supervisionados.
- Educação permanente em saúde para abordagem da PSR para capacitação de profissionais.
- Participação e controle social.
- Monitoramento e avaliação de ações de saúde para a PSR.

A partir do caso clínico, serão discutidos alguns problemas prevalentes na população em situação de rua.

Hipertensão arterial sistêmica (HAS)

As doenças cardiovasculares constituem as principais causas de mortalidade no mundo, sendo a hipertensão arterial sistêmica um dos principais fatores de risco modificável com associação direta para as doenças cardiovasculares (DCV), acometendo em média um terço da população adulta, gerando diversos impactos socioeconômicos e na qualidade de vida.

A hipertensão arterial associa-se a fatores de risco metabólicos, alterações estruturais e/ou funcionais de órgãos-alvo, podendo afetar coração, cérebro, rins e vasos, evoluindo para a redução da expectativa de vida. Pode ser agravada por outros fatores de riscos como tabagismo, etilismo, sedentarismo, dislipidemia, sobrepeso, obesidade, intolerância à glicose e diabetes *mellitus*.

A PSR apresenta maiores índices de mortalidade por doenças crônicas do que a população em geral devido à alta prevalência do uso de substâncias psicoativas, pouco ou nenhum controle de fatores de risco modificáveis, fatores psicossociais e ambientais aos quais estão expostos.

O que muda na PSR?

Observa-se a dificuldade de acesso aos serviços de saúde regularmente por essa população, o que resulta em obstáculos para a obtenção de medicações e para a realização de exames complementares. Além disso, a exposição a fatores de risco e a hábitos de vida impróprios dessa população aumentam o risco para o desenvolvimento de HAS. Desse modo, o SUS deve garantir a equidade, a longitudinalidade, a universalidade e a integralidade do cuidado da população em geral, devendo ser organizadas ações específicas para esse grupo.

Nesse sentido, os Consultórios de Rua são uma ferramenta para oferecer acolhimento e vínculo dessa população com as equipes multidisciplinares, favorecendo o acesso a saúde, o tratamento adequado de acordo com as limitações e condições do paciente e, principalmente, a humanização do cuidado tão almejada na sociedade.

As eCR atuam de forma itinerante, abordando tanto questões de saúde quanto de cunho social, realizando suas atividades em período diurno ou noturno, em locais de maior demanda assistencial, compartilhando, assim, suas ações com as Unidades Básicas de Saúde, os Centros de Atenção Psicossocial (CAPS) e os serviços de urgência e emergência, facilitando a redução de danos, auxiliando a adesão medicamentosa e evitando complicações.

Diagnóstico

O diagnóstico de HAS baseia-se na anamnese detalhada, investigando a história clínica atual, fatores de riscos, complicações – como lesões de órgãos-alvo (LOA) ou doenças cardiovasculares prévias (CV) –, e história familiar, no exame físico com a medida da pressão arterial com a técnica e o preparo adequado e, por fim, nas avaliações complementares.

São considerados hipertensos pacientes com pressão arterial sistólica (PAS) maior ou igual a 140 mmHg e/ou pressão arterial diastólica (PAD) maior ou igual 90 mmHg. Se aferições realizadas em consultório são utilizadas medições repetidas, em duas ou mais consultas, com diferença de dias ou semanas entre elas. Outras possibilidades são as aferições fora do consultório por meio da Monitorização Residencial de Pressão Arterial (MRPA), da Auto Medida de Pressão Arterial (AMPA) ou da Monitorização Ambulatorial de Pressão Arterial (MAPA), exceto em pacientes que já apresentam LOA ou doença cardiovascular estabelecida. O Quadro 1 apresenta o diagnóstico para HAS de acordo com o padrão de medidas de PA.

Quadro 1 Diagnóstico para HAS de acordo com o padrão de medidas de PA

Método diagnóstico	PAS (mmHg)		PAD (mmHg)
PA no consultório	≥ 140	e/ou	≥ 90
MAPA 24 horas	≥ 130	e/ou	≥ 90
MRPA ou AMPA	≥ 130	e/ou	≥ 80

Fonte: adaptado de Barroso et al. Diretrizes Brasileiras de Hipertensão Arterial – 2020.

Após diagnóstico, é necessário classificar o paciente, visando estratificar o risco cardiovascular, o risco para eventos adversos e possíveis complicações, além de auxiliar na definição de periodicidade de seguimento. O Quadro 2 traz a classificação da HAS de acordo com os valores de PA.

Quadro 2 Classificação da HAS de acordo com os valores de PA

Classificação	PAS (mmHg)		PAD (mmHg)
PA ótima	< 120	e	< 80
PA normal	120-129	e/ou	80-84
Pré-HA	130 - 139	e/ou	85-89
HA estágio I	140-159	e/ou	90-99
HA estágio II	160-179	e/ou	100-109
HA estágio III	≥ 180	e/ou	≥ 110

Fonte: adaptado de Barroso et al. Diretrizes Brasileiras de Hipertensão Arterial – 2020.

Estratégias para diagnóstico em populações em situação de rua incluem a possibilidade de realização de mutirões de rastreio e educação em saúde, fortalecendo o vínculo desses indivíduos com as equipes das UAPS e dos Consultórios de Rua. Tais iniciativas podem ser viabilizadas por sistemas de atendimento flexível por essas equipes, permitindo que haja agendamentos imediatos e no mesmo dia, atendimento com equipes multidisciplinar e promoção e prevenção em saúde de forma integral. Além disso, as equipes também podem criar vínculos com instituições governamentais e filantrópicas que possam dar apoio no cuidado, com alimentação, higiene, locais para dormir e opção de desenvolver atividades de reinserção financeira na comunidade.

Sabe-se que a HAS e as doenças cardiovasculares (DCV) têm relação direta com ambos os sexos, com a idade e com a etnia. A HAS torna-se ainda mais deletéria quando somada a fatores de risco para DCV, favorecendo eventos adversos e redução da expectativa de vida. Dessa forma, a classificação de risco cardiovascular depende dos níveis de PA, dos fatores de risco, da presença de LOA e/ou da existência de DCV ou doença renal.

São classificados como riscos adicionais ou condições associadas: sexo masculino, homens com mais de 55 anos e mulheres com mais de 65 anos, DCV prematura em parentes de primeiro grau considerando as idades já citadas, tabagismo, LDLc ≥ 100 mg/dL e/ou não HDLc ≥ 130 mg/dL e/ou HDLc ≤ 40 mg/dL em homens e ≤ 46 mg/dL em mulheres e/ou triglicerídeos ≥ 150 mg/dL, diabetes *mellitus* e obesidade (IMC ≥ 30 kg/m^2).

São consideradas LOA:

- Hipertrofia ventricular esquerda (HVE) em eletrocardiograma e/ou ecocardiograma.
- Índice tornozelo braquial (ITB) menor que 0,9.
- Doença renal crônica (DRC) estágio 3 (taxa de filtração glomerular entre 30 e 60 mL/min/1,73m^2).
- Albuminúria entre 30 e 300 mg/24 h ou relação albumina/creatinina urinária 30 a 300 mg/g.
- Velocidade de onda de pulso (VOP) carótido-femoral > 10 m/s.

A estratificação de risco cardiovascular pode ser calculada em sites e aplicativos oficiais da Sociedade Brasileira de Cardiologia, auxiliando na estimativa de eventos cardiovasculares a médio e a longo prazo, frequência de atendimentos, início de tratamento medicamentoso e intensidade de controle de fatores de risco (FR) modificáveis. O Quadro 3 traz a estratificação de risco cardiovascular.

Quadro 3 Estratificação de risco cardiovascular

FR, presença de LOA ou DCV	Pré-hipertensão PAS 130-139 PAD 85-89	Estágio I PAS 140-159 PAD 90-99	Estágio II PAS 160-179 PAD 100-109	Estágio III PAS > 180 PAD > 110
Sem FR	Sem risco adicional	Risco baixo	Risco moderado	Risco alto
1 ou 2 FR	Risco baixo	Risco moderado	Risco alto	Risco alto
≥ 3 FR	Risco moderado	Risco alto	Risco alto	Risco alto
LOA, DRC estágio 3, DM, DCV	Risco alto	Risco alto	Risco alto	Risco alto

Fonte: adaptado de Barroso et al. Diretrizes Brasileiras de Hipertensão Arterial – 2020.

Tratamento

A HAS é uma condição multifatorial, dessa forma seu tratamento é dividido em terapia não farmacológica e terapia farmacológica, visando atuar nos fatores de risco modificáveis e não modificáveis para a doença, reduzindo complicações e agravos.

O tratamento não farmacológico é composto por prevenção e promoção em saúde, associado a mudança no estilo de vida (MEV), devendo ser prescrito para todos os pacientes. A MEV baseia-se no controle de peso, no qual cada quilo perdido equivale à redução de 1 mmHg na pressão arterial (PA); na dieta saudável, associada à redução da ingesta de sódio e aumento da ingesta de potássio; prática de atividade física regular, garantindo uma redução de até 5 mmHg na PA; e, por fim, a abstinência ou redução da ingesta de álcool e drogas psicoativas.

Nesse contexto, atividades promovidas pelos profissionais de educação física das UAPS e pelo Corpo de Bombeiros nos espaços públicos do território, por meio do uso dos equipamentos disponíveis em parques, quadras e praças, podem ser usados para estimular a prática de atividade física. Essas atividades devem estar associadas a políticas públicas que visem a segurança alimentar da PSR e ao acesso a unidades terapêuticas governamentais.

O tratamento farmacológico baseia-se em metas de PA a serem alcançadas de acordo com o risco cardiovascular. Pacientes com risco cardiovascular baixo ou moderado, a meta é alcançar valores inferiores a 140/90 mmHg. Em pacientes hipertensos, com história de DAC e DRC, a meta de PA são valores menores que 130/80 mmHg, mas PAD deve ter valores acima de 70 mmHg. Em pacientes com insuficiência cardíaca ou história prévia de acidente vascular encefálico, o tratamento visa manter PA menor que 130/80 mmHg, mas se o indivíduo apresenta DAC e idade avançada associada, os valores não devem ser menores que 120/70 mmHg. Tais valores também enquadram pacientes hipertensos com diabetes concomitante.

Em pacientes idosos, a depender de suas condições físicas e globais, é possível ser mais permissivo em relação às metas, objetivando órgãos-alvo. Em idosos hígidos, incluindo fragilidade leve, comorbidades e tolerabilidade de tratamento, tem-se como meta de PAS 130-139 mmHg e PAD 70-79 mmHg. Em idosos com fragilidade moderada a grave, a meta passa a ser PAS 140-149 mmHg e PAD 70-79 mmHg.

A escolha medicamentosa baseia-se em valores de PA, idade e risco cardiovascular, entretanto entende-se que o perfil da PSR apresenta mais vulnerabilidades para adesão medicamentosa e acompanhamento multidisciplinar. Dessa forma, é preciso avaliar de forma individualizada e envolver o paciente na tomada de decisão.

A Figura 3 apresenta o manejo adequado de alteração pressórica na PSR.

As drogas que integram a primeira linha para controle de PA em monoterapia são: diuréticos tiazídicos ou similares, bloqueadores de canais de cálcio (BCC), inibidores da enzima conversora de angiotensina (IECA) e bloqueadores dos receptores AT1 da angiotensina II (BRA). Caso seja necessária a combinação de medicações (Figura 4) opta-se por medicamentos com ações distintas, de forma racional e visando alcance de meta pressórica com redução de efeitos colaterais e melhor adesão ao tratamento.

Diuréticos tiazídicos apresentam como efeitos os 5 hipo (hipovolemia, hiponatremia, hipocalemia, hipomagnesemia, hipofunção sexual) e os 3 hiper (hiperglicemia, hiperlipidemia, hiperuricemia). Dessa forma, deve-se evitar em pacientes com gota, diabetes *mellitus* e síndrome metabólica. No SUS, a hidroclorotiazida está disponível.

BCC são indicados para indivíduos que apresentam concomitante angina estável e de prinzmetal, negros e idosos. Como efeitos colaterais, tem-se edema maleolar e cefaleia. No SUS, o anlodipino está disponível.

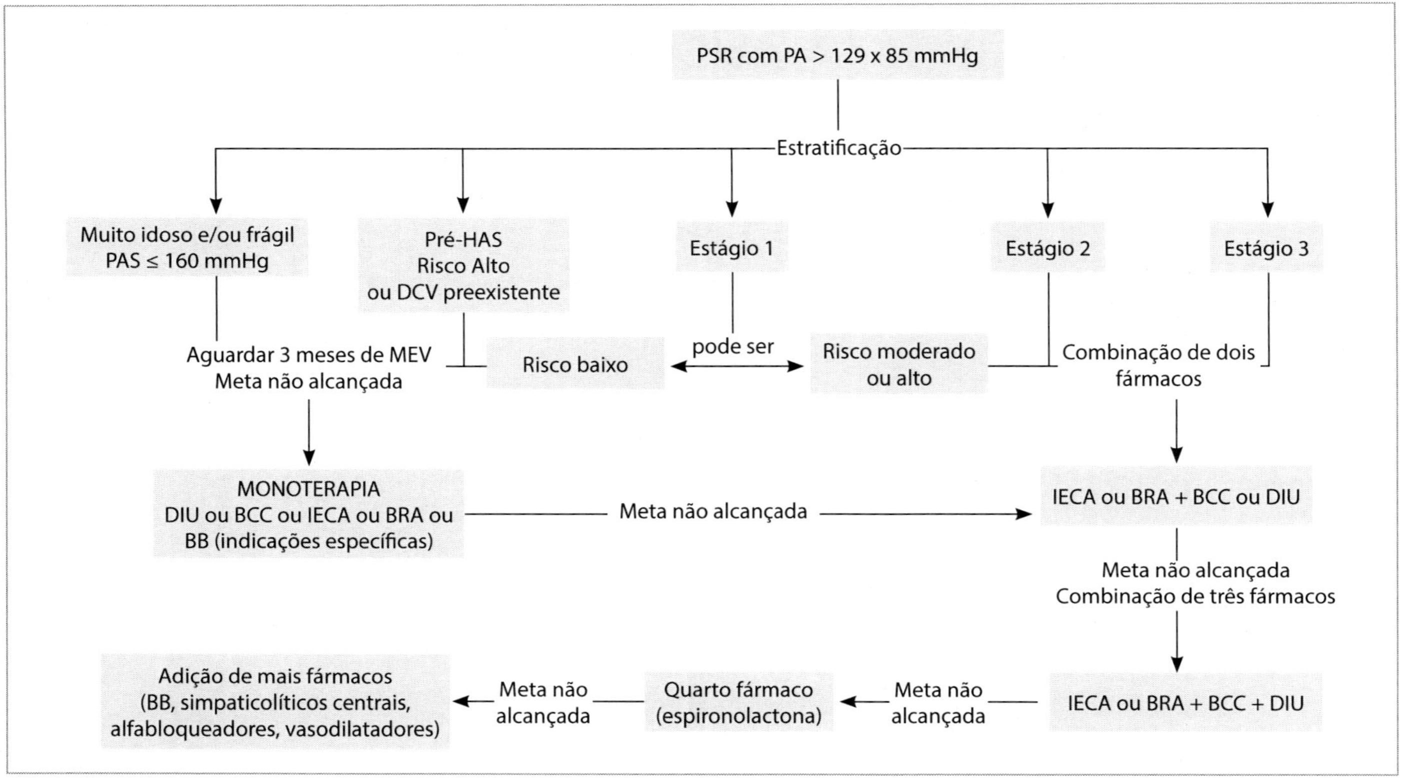

Figura 3 Manejo de alteração pressórica em população em situação de rua (PSR).

HAS: hipertensão arterial sistêmica. PAS: pressão arterial sistólica. DCV: doença cardiovascular. DIU: diuréticos. BCC: bloqueadores de canais de cálcio. IECA: inibidores da enzima conversora de angiotensina. BRA: bloqueadores dos receptores AT1 da angiotensina II. BB: betabloqueadores.

Fonte: cedido pela autora Bárbara Chaves (2023).

Inibidores da enzima conversora de angiotensina (IECA) são indicados para pacientes com insuficiência cardíaca de fração de ejeção reduzida (ICFER), doença cardiovascular prévia, diabetes e/ou DRC. Efeitos colaterais são hipercalemia, insuficiência renal e tosse. São contraindicados se potássio > 5,5 mEq/L, estenose bilateral de artéria renal ou unilateral em rim único. Não associar IECA e BRA, angioedema e gestação. No SUS, o enalapril e o captopril estão disponíveis.

Bloqueadores dos receptores AT1 da angiotensina II (BRA) apresentam as mesmas indicações e contraindicações dos IECA. No SUS, a losartana está disponível.

Como drogas de segunda linha tem-se:

- BB indicados para pacientes que apresentam HAS e DAC, insuficiência cardíaca de fração de ejeção reduzida (ICFER), enxaqueca, tremor essencial, fibrilação atrial e/ou hipertireoidismo. Como efeitos colaterais constam disfunção erétil, broncoespasmo, dislipidemia, hiperglicemia. Suas contraindicações são asma, bloqueio atrioventricular de segundo e terceiro grau, doença pulmonar obstrutiva crônica e doença arterial obstrutiva periférica. No SUS, o atenolol, o metoprolol, o propranolol e o carvedilol, este último por ser de terceira geração não causa hiperglicemia e dislipidemia, estão disponíveis.
- Vasodilatadores arteriais diretos são utilizados preferencialmente em urgências hipertensivas em gestantes. Apresenta efeitos colaterais como lúpus-*like*, taquicardia reflexa e retenção hídrica. No SUS, a hidralazina está disponível.
- Alfabloqueadores são preferencialmente usados quando o paciente apresenta também hiperplasia prostática benigna (HPB) e feocromocitoma. Seus efeitos colaterais são hipotensão ortostática (HO), tontura, anticolinérgicos e disfunção sexual. Orienta-se evitar em idosos pelo risco de quedas e agravos. No SUS, a doxazosina está disponível.
- Alfa-2-agonistas centrais são utilizados preferencial para HAS em gestantes prévias ou não. Deve-se acompanhar o perfil de hemoglobina devido ao risco de anemia hemolítica. No SUS, a metildopa está disponível.
- Espironolactona é utilizada como quarta droga no controle de HAS, apresentando como efeitos colaterais ginecomastia e hipercalemia e está disponível na rede SUS.

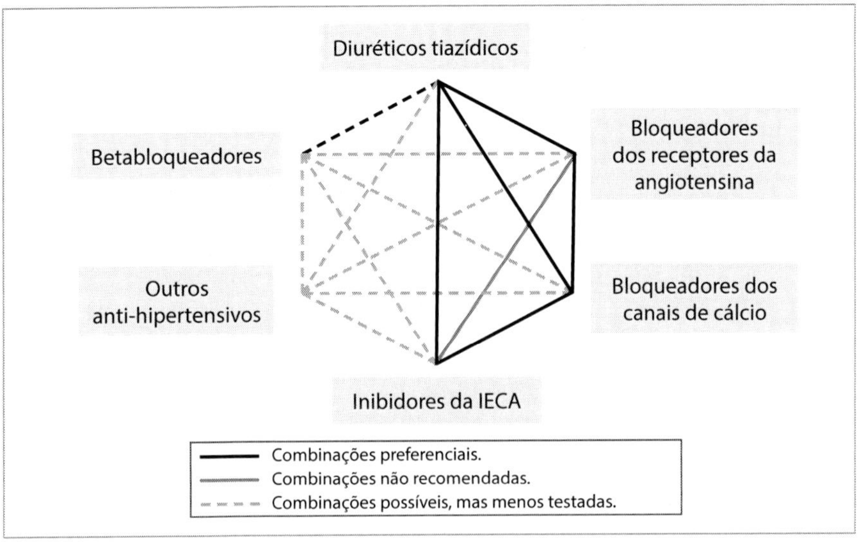

Figura 4 Combinações de anti-hipertensivos.

Fonte: adaptado de Barroso et al. Diretrizes Brasileiras de Hipertensão Arterial – 2020.

O Quadro 4 indica as medicações anti-hipertensivas disponíveis no SUS.

Quadro 4 Medicações anti-hipertensivas disponíveis no SUS

Medicação	Disponibilidade
Besilato de anlodipino	Comprimido de 5 mg e 10 mg – farmácia básica Comprimido 5 mg – farmácia popular
Atenolol	Comprimido de 5 mg e 10 mg – farmácia básica Comprimido 25 mg – farmácia popular
Captopril	Comprimido 25 mg – farmácia básica e popular
Carvedilol	Comprimido 3,125 mg, 6,25 mg e 25 mg – farmácia básica
Cloridrato de hidralazina	Comprimido 25 mg e 50 mg – farmácia básica
Cloridrato de propranolol	Comprimido 10 mg e 40 mg – farmácia básica Comprimido 40 mg – farmácia popular
Espironolactona	Comprimido 25 mg e 100 mg – farmácia básica Comprimido 25 mg – farmácia popular
Furosemida	Comprimido 40 mg – farmácia básica e popular
Hidroclorotiazida	Comprimido 12,5 mg e 25 mg – farmácia básica
Losartana potássica	Comprimido 50 mg – farmácia básica e popular
Maleato de enalapril	Comprimido 5 mg, 10 mg e 20 mg – farmácia básica Comprimido 10 mg – farmácia popular
Metildopa	Comprimido 250 mg – farmácia básica
Succinato de metoprolol	Comprimido 25 mg, 50 mg e 100 mg – farmácia básica Comprimido 25 mg – farmácia popular

As medicações estão disponíveis nas farmácias básicas nas Unidades de Saúde, não sendo necessário, no caso da PSR, de vinculação para a sua dispensação, podendo ser retirada em qualquer unidade, contanto que apresente receita válida. Além disso, pode-se criar estratégias para tomada supervisionada, como já são realizadas no tratamento para TB e hanseníase, tanto pelas eCR quanto pelas equipes das UAPS e os seus ACS.

É importante frisar que o tratamento da PSR necessita de atuação multidisciplinar, regular, continuada e longitudinal, visando evitar complicações e fortalecendo o vínculo entre equipe e paciente.

Diabetes

O diabetes *mellitus* é uma doença crônica decorrente da redução ou da não produção de insulina pelo pâncreas, causando elevação no nível de glicose, ou seja, hiperglicemia. Tal patologia pode desencadear complicações sistêmicas, como doenças cardiovasculares, nefropatia, neuropatia, alterações visuais, amputações, interferindo diretamente na qualidade de vida do paciente, caso não seja tratada.

De acordo com a Federação Internacional de Diabetes (IDF), a prevalência de Diabetes em 2021 no Brasil em pessoas de 20 a 79 anos correspondiam a 15,8 milhões de pessoas, já em crianças e adolescentes no mesmo período eram de 92.300 pessoas. Além disso, apresenta grande impacto na morbimortalidade no país, representando a sexta causa de morte por 100 mil habitantes, em ambos os sexos, com 33,6% de 2009 a 2019.

De acordo com as *Recommendations for the Care of Patients Experiencing Homelessness Diagnosed with Diabetes*, a DM é a terceira condição mais diagnosticada em PSR, atrás apenas da hipertensão e da obesidade, respectivamente. Quando ocorrem concomitantemente, aumenta-se o risco para eventos cardiovasculares e as chances de desenvolver DM tipo 2 (Richert et al., 2019).

O que muda na PSR?

A PSR enfrenta diversas barreiras tanto no que tange ao diagnóstico quanto à prevenção e ao tratamento da DM2, visto que o acesso às unidades de saúde e as condições socioeconômicas dessa população são complexas e importantes determinantes de saúde. Com isso, entende-se que o armazenamento da medicação é prejudicado, dado que o armazenamento de insulina se torna inadequado, o uso é irregular e há maiores riscos de hipoglicemias devido ao acesso incerto a alimentação, entre outros agravantes.

Diante de tantos entraves, é imprescindível a realização de um plano de cuidados individualizado, adequando a Medicina Baseada em Evidências à realidade na qual o indivíduo está inserido.

Nesse sentido, a rede de Atenção Primária à Saúde, como porta de entrada, deve ter papel principal nesse cuidado, por meio do acolhimento e criação de vínculo, rastreio de patologias, otimização de vínculos sociais, coordenando o cuidado e cuidados de saúde (Richert et al., 2019). Portanto, é função da rede o manejo adequado, o redirecionamento para unidades de tratamento especializadas e focadas nessa população, garantindo e otimizando o tratamento de comorbidades de forma adequada.

Diagnóstico

De acordo com o National HCH Council and National Network to End Family Homelessness, de 2019, pessoas que enfrentam quatro ou mais experiências apresentam uma probabilidade significativamente maior — de duas a cinco vezes — de desenvolver diabetes e inúmeras condições crônicas. Logo, o rastreio e o acompanhamento dos determinantes de saúde são imprescindíveis para otimizar o diagnóstico de doenças crônicas não transmissíveis (DCNT). O diagnóstico baseia-se na história clínica adequada e minuciosa, na triagem e nos exames complementares.

Inicialmente, deve-se realizar a triagem para identificar grupos de riscos os quais apresentam tais características: pacientes com sobrepeso ou obesidade, história familiar em parentes de primeiro grau, história de doenças cardiovasculares, hipertensão, dislipidemia, mulheres com história de síndrome de ovário micropolicístico (condição associada a resistência insulínica), mulheres com histórico de diabetes gestacional, sedentarismo, uso de antipsicóticos atípicos (aumento do risco de obesidade, hiperlipidemia e hiperglicemia).

O quadro clínico pode ser diverso, e algumas vezes inespecífico, visto que as condições de saúde da PSR são mais delicadas, podendo em algumas vezes, devido à desnutrição, à exposição prolongada ao sol e, consequentemente, à deficiência imunológica, os sintomas serem mais abrangentes. É importante atentar para os 4 Ps: polidpsia, polifagia, perda de peso e poliúria. Além disso, deve-se investigar sinais e sintomas associados a hiper/hipoglicemia, parestesia de mãos e pés, dificuldade de cicatrização de lesões, apatia, náuseas, taquicardia, palidez, sudorese, tremores, sensação de fraqueza, alteração de visão, infecções recorrentes, dor precordial e síncope.

Caso o paciente tenha diagnóstico prévio de diabetes, deve-se investigar como está o tratamento, o tempo de doença, os sinais e sintomas de piora clínica ou lesões de órgãos-alvo e a prevenção de agravos.

O diabetes pode ser classificado como tipo I, ocorrendo principalmente na infância e adolescência, entre 10 e 14 anos, mas em alguns casos pode afetar adultos. Nesses casos, é classificado como LADA (Latent Autoimmune Diabetes in Adults), devido ao seu desenvolvimento lento e progressivo (SBD; 2023). Como são doenças autoimunes, com maior probabilidade de desenvolverem outras patologias associadas, devem ser acompanhadas em conjunto com especialistas focais. O Quadro 5 indica os critérios diagnósticos para diabetes *mellitus* tipo 1.

Quadro 5 Critérios diagnósticos de DM1

Critérios clínicos		Critérios laboratoriais
▪ Sintomas de insulinopenia: polidipsia, poliúria, noctúria, perda de peso inexplicada OU ▪ Ocorrência de cetoacidose diabética: náuseas, vômitos, sonolência, torpor, coma e, em casos graves, até óbito.	+	▪ Glicemia aleatória > 200 mg/dL OU ▪ TOTG 75 mg – 2 h > 200 mg/dL OU ▪ Glicemia de jejum > 126 mg/dL em dois exames diferentes ou GJ alterada + HbA1c alterada OU ▪ HbA1c > 6,5%

Fonte: adaptado de SBD; 2023.

O diagnóstico e o tratamento de DM2 é voltando prioritariamente para a atenção primária, buscando prevenção de complicações a longo prazo, manejo adequado e diminuindo intercorrências. Dessa forma, o acompanhamento deve ser multidisciplinar, atuando nos determinantes de saúde e possibilitando melhor coordenação do cuidado.

De acordo com o PCDT de 2024, o rastreamento deve ser feito em pacientes assintomáticos a partir dos 45 anos, mesmo sem fatores de risco; além de em indivíduos de qualquer idade que apresentem obesidade e fatores de risco adicionais. Tal estratégia visa a redução de morbimortalidades e desfechos desfavoráveis.

O rastreio é feito por meio de glicemia de jejum, devendo ser confirmado o diagnóstico com exame de hemoglobina glicosilada (HbA1c) ou teste oral de tolerância à glicose (TOTG). Deve ser realizado a cada 3 anos após a primeira testagem negativa.

A Figura 5 indica o manejo do rastreio de DM2 em indivíduos assintomáticos não gestantes.

O DM2 é frequentemente assintomático, mas após os 40 anos de idade, podem surgir alguns sintomas decorrentes de sua progressão lenta, com complicações tardias, como nefropatia, retinopatia, neuropatia e eventos cardiovasculares (PCDT DM2; 2024).

Os diagnósticos baseiam-se na identificação de sinais, sintomas e complicações clínicas, além de alterações laboratoriais de hiperglicemia, por meio da glicemia de jejum, TOTG e HbA1c. Deve-se atentar que a PSR apresenta situações clínicas e nutricionais que podem falsear o valor dos exames laboratoriais, dentre as quais se destacam: anemia, uso de antirretrovirais, hemoglobinopatias, variantes de hemoglobina, transfusões sanguíneas, hemodiálise, puerpério, entre outras. O Quadro 6 traz os critérios diagnósticos para DM2 em maiores de 18 anos.

Quando pacientes apresentam sinais e sintomas clássicos de hiperglicemia, como os descritos anteriormente, na tentativa de não atrasar o início do tratamento, pode-se optar pela realização de glicemia plasmática aleatória. Caso positiva (> 200) para DM2, realiza-se um teste diagnóstico para confirmação.

Na PSR é possível priorizar a glicemia capilar aleatória devido à possibilidade de rastreio oportunístico e disponibilidade pela eCR. Além disso, diante de paciente com sinais e sintomas de hiperglicemia, deve-se realizar acompanhamento mais próximo na tentativa de vinculação desses indivíduos com as unidades de saúde, visando otimizar o diagnóstico precoce e o tratamento adequado.

Durante o processo de saúde-doença, deve-se envolver o paciente em toda a construção do plano de terapêutico, entendendo suas necessidades, ajustando-o de acordo com seus valores e prioridades, conhecendo sua rede de apoio e suas possibilidades de enfrentamento da doença.

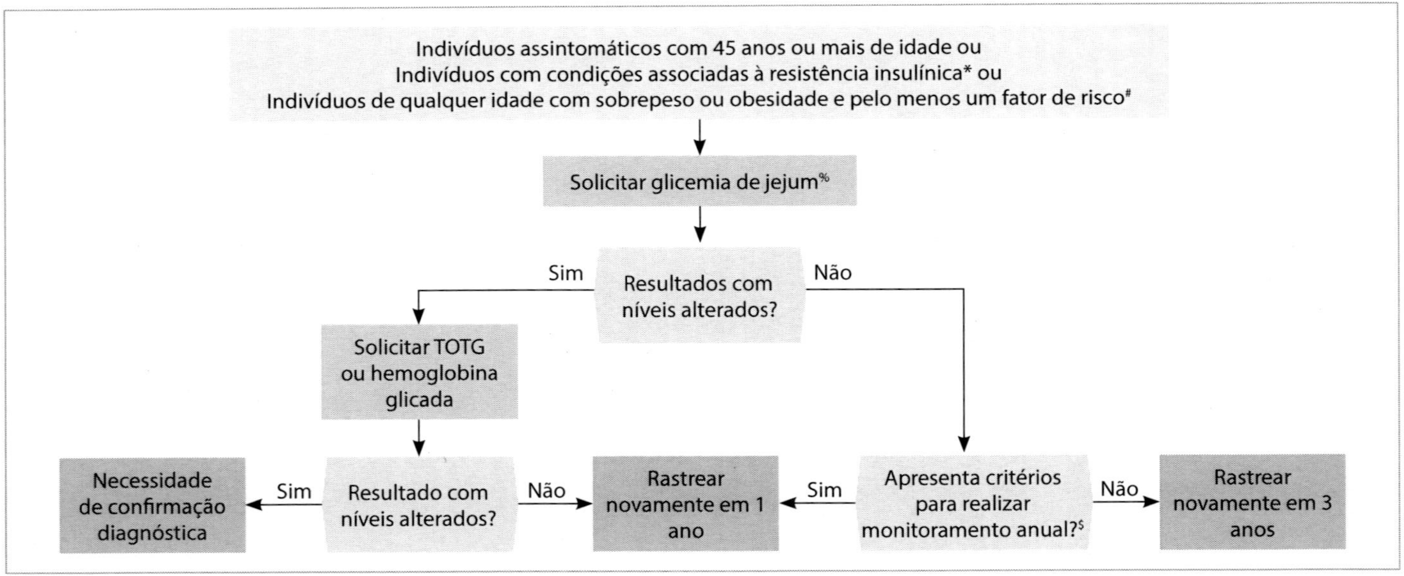

Figura 5 Rastreio de DM2 em indivíduos assintomáticos não gestantes.

* Como obesidade grave e *acantose nigricans*.

#Fator de risco: etnia negra, hispânica ou latina, asiática ou indígena; história familiar de diabetes *mellitus* (parente de 1º grau); hipertensão arterial sistêmica; doença cardiovascular prévia; HDL colesterol < 35 mg/dL; triglicerídeos > 250 mg/dL; síndrome de ovários policísticos; sedentarismo; história prévia de diabetes *mellitus* gestacional; pré-diabetes *mellitus*; apneia obstrutiva do sono; indivíduos com HIV/AIDS, fibrose cística e que tenham realizado transplante de órgãos e outras condições.

%Se indivíduos com fibrose cística, o rastreamento deve ser conduzido com o teste oral de tolerância à glicose.

$Critérios para o rastreamento anual: presença de mais de um fator de risco para diabetes tipo 2, ganho de peso acelerado ou mudança em fatores de risco, doenças associadas a diabetes secundário como endocrinopatias, doenças pancreáticas ou condições frequentemente associadas a DM, como doença periodontal e esteatose hepática.

TOTG: Teste oral de tolerância à glicose.

Fonte: PCDT; 2024.

Quadro 6 Critérios diagnósticos para DM2 em maiores de 18 anos

Critérios clínicos		Critérios laboratoriais
▪ 4Ps: poliúria, polidipsia, polifagia e perda de peso ▪ Fadiga, letargia ▪ Retinopatia ▪ Nefropatia (albuminúria, perda de função renal, IRC) ▪ Neuropatia (parestesia, formigamento, cãibras) ▪ Eventos cardiovasculares prévios (IAM, AVE, DAOP) ▪ Infecção de repetição ▪ Patologias oculares (visão turva, catarata)	+	Pré-DM2: ▪ Glicemia de jejum 100 a < 126 mg/dL ▪ TOTG 75 g de 2h: 140 a < 200 mg/dL ▪ HbA1c: 5,7 a < 6,5% DM2: ▪ Glicemia de jejum ≥ 126 mg/dL ▪ TOTG 75 g de 2 h: ≥ 200 mg/dL ▪ HbA1c: ≥ 6,5% ▪ Glicemia aleatória ≥ 200 mg/dL

Fonte: adaptado de PCDT DM2; 2024.

A Figura 6 indica a abordagem para o diagnóstico de pacientes com DM2.

Diante de pacientes com diabetes, devido ao aumento da predisposição para desenvolvimento de eventos cardiovasculares, deve-se realizar durante os acompanhamentos a estratificação de risco cardiovascular. Uma forma fácil e prática é utilizando a calculadora de risco cardiovascular da SBC (disponível em: http://departamentos.cardiol.br/sbc-da/2015/CALCULADORAER2020/index.html). Para tal, é necessária anamnese destacando eventos cardiovasculares prévios, uso de substâncias (álcool, tabagismo, psicoativos), exame físico (medida de pressão arterial) e exames laboratoriais (colesterol total e frações).

No que tange à PSR, durante a história clínica é preciso questionar e entender qual a situação atual do indivíduo, se essa é a primeira vez que está sem moradia, se é algo transitório ou definitivo, entender o grau de alfabetização do paciente, no intuito de saber o que ele entende sobre tais doenças e suas possíveis consequências. Ademais, conhecer seu histórico médico prévio, se já realizou algum tratamento anterior, uso de substâncias no momento, frequência e forma de uso e impacto em suas atividades diárias; motivação para uso também é importante.

O uso de substâncias psicoativas predispõe descompensações, aumentando morbidade e mortalidade dos pacientes, dessa forma o rastreio de tais situações deve ser feito em todos os atendimentos, bem como um plano de gestão e metas deve ser elaborado e, caso o profissional julgue necessário, associar acompanhamento com equipe do CAPS.

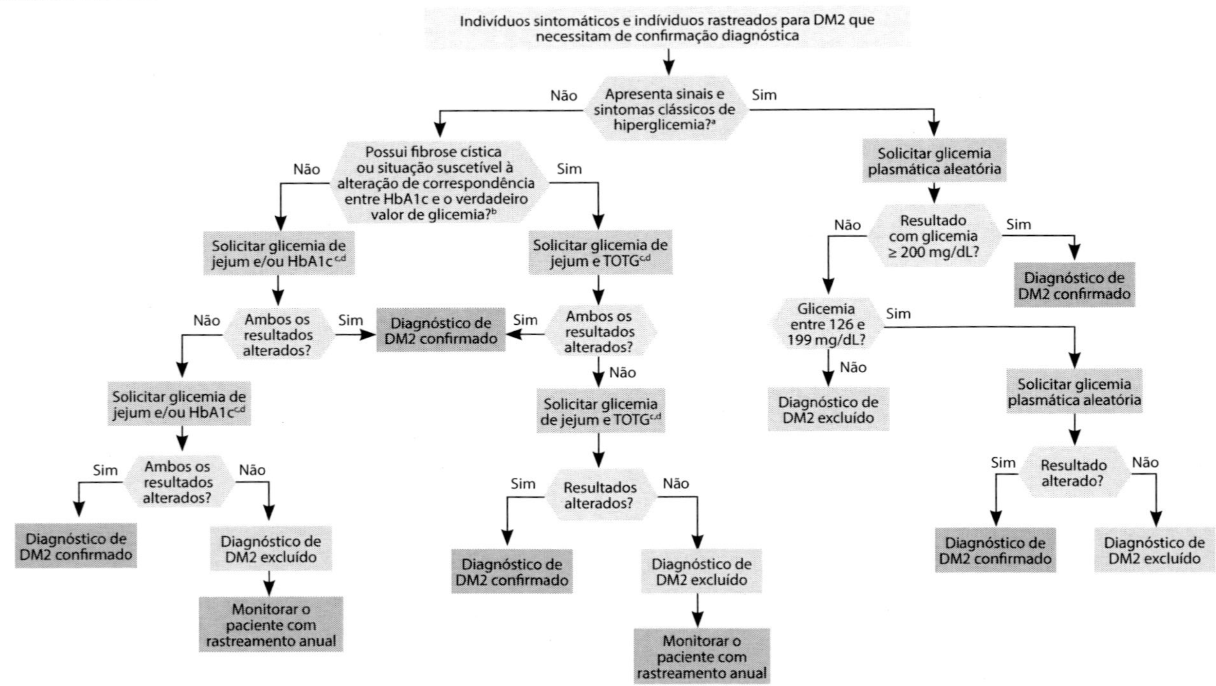

Figura 6 Abordagem para o diagnóstico de pacientes com DM2.

[a] Poliúria, polidipsia, perda ponderal, noctúria, polifagia.

[b] Condições: anemia aguda, hemoglobinopatias, variantes de hemoglobina, transfusões sanguíneas, deficiência de glicose-6-fosfato desidrogenase, uso de alfaepoetina, uso de antirretrovirais, hemodiálise, gestação (2º e 3º trimestres) e puerpério.

[c] Ver texto para indicação, preparo e cuidados para a realização de cada um desses exames.

[d] Os exames podem ser feitos com a mesma amostra ou com duas amostras diferentes.

DM2: diabete melito tipo 2; HbA1c: hemoglobina glicada, TOTG: teste oral de tolerância à glicose.

Fonte: PCDT DM2; 2024.

Dessa forma, tais questionamentos auxiliam no entendimento da realidade na qual o paciente está inserido e na programação de um plano terapêutico individualizado.

Tratamento

Os pacientes com risco aumentado para desenvolver diabetes devem ser alertados para a prevenção e riscos de adquirir a doença. Para isso, pode-se estimular a participação em grupos de atividade física desenvolvidos por educadores físicos de Unidades Básicas de Saúde ou grupos coordenados pelo Corpo de Bombeiros. Além disso, pode-se tentar vincular o paciente a intuições governamentais e não governamentais que oferecem refeições e higiene para a PSR, como o projeto Comida na Mesa, Centros POP, Coletivo Unidos pela PSR (Pernambuco), Programa Ceará Sem Fome; além disso, é possível vincular o indivíduo a projetos e programas que proporcionem a sua reinserção no mercado de trabalho, favorecendo a melhora socioeconômica, como o projeto Da Rua para Você (Rio de Janeiro). Destaca-se ainda a vinculação em grupos que desenvolvem estratégias de enfrentamento para desuso de substâncias em CAPS AD.

Além disso, cabe à Rede de Atenção à Saúde, com o auxílio do serviço social e de equipe multidisciplinar (psicólogos, médicos, enfermeiros, dentre outros), a busca pelos vínculos frágeis ou perdidos com a rede de apoio (família, igrejas, comunidades religiosas, associação de moradores, amigos), visando otimizar a manutenção do tratamento clínico e psicossocial.

No que diz respeito ao tratamento medicamentoso, o agravante é o condicionamento e uso regular de medicação, dadas as incertezas alimentares e riscos inerentes à vida nas ruas. Dessa forma, pode-se optar pela administração diária em Unidades Básicas, como são realizadas, por exemplo, a dose de tratamento para tuberculose. Caso não seja possível, deve-se tentar apoio do Consultório de Rua e dos Centros POP. Diante da realidade do paciente e de seus vínculos, há a possibilidade de englobar amigos e voluntários da área onde o paciente vive, como armazenamento em mercadinhos, bares ou lanchonetes a qual auxiliam o paciente. Para pacientes que mantêm algum vínculo familiar, é importante tentar resolver os conflitos existentes e envolver essas famílias no processo de cuidado. Além disso, priorizar a dispensação de insulina caneta ao invés de frasco, mensalmente, para que não haja necessidade de armazenamento em dispositivos refrigerados, visto que após abertas, as canetas de insulina podem ficar em temperatura ambiente desde que protegidas adequadamente do calor e da umidade, também é uma medida importante.

Entende-se que o paciente é o centro dos cuidados e, diante de tantas possibilidades, deve-se tomar cada decisão de forma compartilhada com ele, baseando-se em suas necessidades, seus valores e seus objetivos, planejando metas que possam ser geridas pelo indivíduo com o apoio das equipes.

O tratamento medicamentoso de DM1 quando o paciente é tipo LADA, inicialmente pode ser feito com antidiabéticos orais. Caso ocorra progressão da doença, com deficiência de secreção de insulina, pode-se iniciar insulinoterapia (SBD; 2023).

A Figura 7 apresenta as diretrizes para o tratamento de pacientes com DM1. É essencial que ajustes terapêuticos sejam feitos diante de hipoglicemias ou controle glicêmico inadequado persistente (um ano), apesar de monitorização e acompanhamento adequado (SBD; 2023).

Diante da vigência do tratamento, as metas de HbA1c para crianças e adolescentes deve ser < 7,5%. Já em adultos < 7%; e idoso entre 7,5% e 8,5%, de acordo com a história clínica e condições do paciente.

Nesse contexto, é fundamental focar em metas terapêuticas associadas a mudança no estilo de vida, evitando possíveis agravos e complicações inerentes à patologia. Para isso, deve-se iniciar o tratamento o mais cedo possível de forma individualizada, respeitando as necessidades e as condições socioeconômicas dos pacientes.

O Quadro 7 traz as metas glicêmicas que devem ser atingidas em caso de DM2.

O tratamento medicamentoso varia de acordo com o paciente, gravidade e evolução da doença (PCDT DM2; 2024). Logo, em pacientes com diagnóstico há menos de 3 meses, deve-se focar em mudança do estilo de vida. Caso não seja possível, ou não ocorra mudança adequada, inicia-se com metformina em monoterapia.

Já pacientes com mais de 3 meses de diagnóstico que tenham associado fatores de risco, deve-se iniciar monoterapia, geralmente com metformina, associada a mudança do estilo de vida. No caso de refratariedade, pode-se associar a segunda linha de antiglicemiantes orais (sulfonilureias), seguidas de iSGLT2 ou insulina. A Figura 8 traz as diretrizes para o tratamento de DM2.

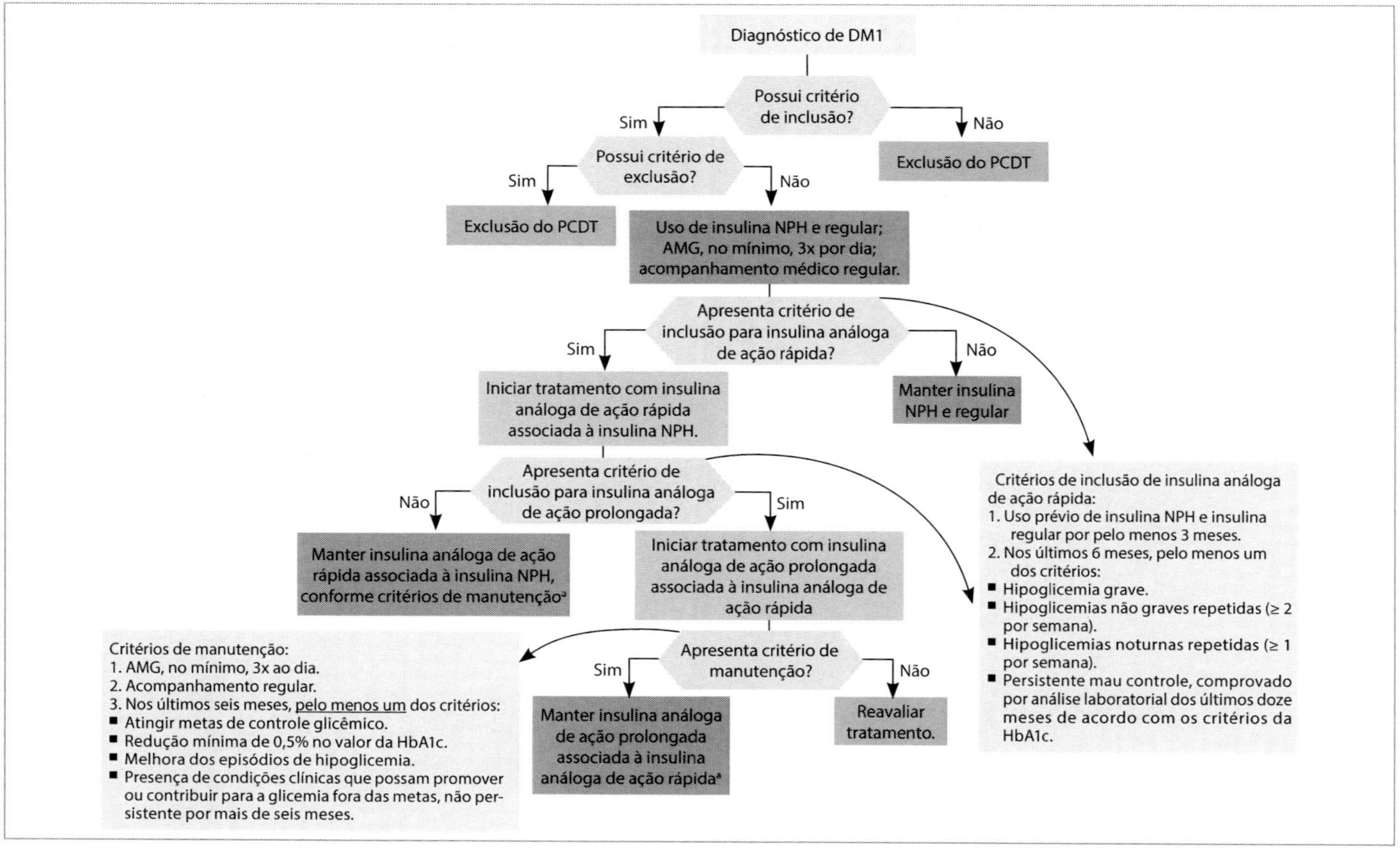

Figura 7 Diretrizes para tratamento de DM1 e indicações para início de insulina e terapia de manutenção.
[a]A cada 6 meses, o paciente deve ser avaliado a respeito de hipoglicemia e dos critérios de manutenção; caso haja alguma mudança, o tratamento deve ser reavaliado.
AMG: automonitorização da glicemia capilar.
Fonte: PCDT DM1; 2019.

Quadro 7 Metas glicêmicas para DM2

Exame	Indivíduos com DM2	Idoso saudável[a]	Idoso comprometido[b]	Idoso muito comprometido[c]	Criança e adolescente
HbA1c (%)	< 7,0	< 7,5	< 8,0	Evitar sintomas de hiper ou hipoglicemia	< 7,0
Glicemia de jejum (mg/dL)	80-130	80-130	90-150	100-180	70-130
Glicemia 2 h pós-prandial (mg/dL)	< 180	< 180	< 180	–	< 180
Glicemia ao deitar (mg/dL)	90-150	90-150	100-180	110-200	90-150

[a] Idoso (≥ 60 anos) com poucas comorbidades crônicas, estado funcional e cognitivo preservado; [b] Idoso (≥ 60 anos) com múltiplas comorbidades crônicas, comprometimento funcional leve a moderado, comprometimento cognitivo moderado; [c] Idoso (≥ 60 anos) com doença terminal como câncer metastático, insuficiência cardíaca (NYHA) classe IV, doença pulmonar crônica demandando oxigenioterapia, pacientes em diálise; comprometimento funcional e cognitivo grave.

Fonte: PCDT DM2; 2024.

O Quadro 8 indica as medicações antidiabéticas disponíveis no SUS.

Quadro 8 Medicações antidiabéticas disponíveis no SUS

Medicação	Posologia	Indicações	Efeitos adversos
Biguanidas Metformina - comprimido de 500 mg – SUS. Comprimido de 850 mg – farmácia popular	Iniciar com doses baixas, 500 mg a 850 mg, dose única diária. Progredir em 5 a 7 dias para 500 mg a 850 mg, duas vezes ao dia, durante ou após as refeições. Dose máxima efetiva 2.550 mg/dia	Primeira escolha, inclusive em idosos Baixo risco de hipoglicemia Redução de risco cardiovascular	Sintomas gastrointestinais (dose poderá ser diminuída e, após 3 a 6 meses, tentar aumentá-la novamente Contraindicado em TFG < 30 mL/min/1,73 m^2
Sulfonilureias Gliclazida – comprimido de 30 mg e 60 mg liberação prolongada [MR] Glibenclamida – comprimido de 5 mg	Gliclazida dose inicial de 30 mg, com dose máxima de 120 mg/dia Glibenclamida dose inicial de 5 mg, dose máxima de 20 mg/dia Orientar alimentar-se no máximo 30 minutos após por risco de hipoglicemia	Intensificação de controle glicêmico Segurança cardiovascular Em idosos preferir gliclazida	Risco de hipoglicemia Gliclazida MR – menor risco de hipoglicemia. Pode ser usada em insuficiência renal leve a moderada com monitoramento Contraindicada em TFG < 30 mL/min/1,73 m^2 ou insuficiência hepática grave

(continua)

Quadro 8 Medicações antidiabéticas disponíveis no SUS *(continuação)*

Medicação	Posologia	Indicações	Efeitos adversos
Inibidores do cotransportador sódio-glicose 2 (iSGLT2) Dapagliflozina	Iniciar dose de 10 mg ao dia, sendo esta já a dose máxima	Disponível no SUS para > 40 anos e doença cardiovascular estabelecida; ou homens ≥ 55 anos ou mulheres ≥ 60 anos com alto risco cardiovascular (HAS, DLP ou tabagismo)	Infecções urinárias e candidíase genital devido à excreção urinária de glicose Contraindicada TFG < 25 mL/min/1,73 m^2. Além de eficácia menor em pacientes com TFG < 45 mL/min/1,73m^2) ou com falência renal
Insulina NPH	Iniciar com NPH, podendo associar a tratamento oral vigente. Preferir iniciar à noite, dose inicial de 10 UI ou 0,1 a 0,2 UI/kg, aumentando-se 2 UI a cada 3 dias até atingir meta glicêmica em jejum. A dose total pode chegar a 0,5 a 1,5 UI/kg/dia. Caso permaneça acima da meta, pode-se dividir em duas tomadas, sendo 2/3 pela manhã e 1/3 da dose antes de dormir	Falha no controle com hipoglicemiantes orais, podendo ser usada em associação com esses fármacos. Considerar iniciar quando persiste estado de hiperglicemia (HbA1c > 9% ou glicemia de jejum ≥ 300 mg/dL), sintomas agudos, internações e intercorrências médicas	Risco de hipoglicemia com perda de consciência Caso glicemia < 70 mg/dL, diminuir 4 UI ou 10% a 20% da dose diária
Insulina regular	Deve ser iniciada com as refeições (insulina prandial). Pode-se iniciar com 4 UI ou 10% da dose de insulina NPH antes da principal refeição ou refeições com hiperglicemia pós-prandial. Aumenta-se a dose de 1 a 2 UI ou 10% a 15%, duas vezes por semana, conforme valores de glicemia medido após refeições	Iniciar quando o paciente não atingir meta glicêmica já com insulina NPH uma a duas vezes ao dia	Risco de hipoglicemia com perda de consciência Em caso de hipoglicemia, reduzir dose de 10% a 20% Administrar a dose 30 minutos antes da refeição, visando evitar hipoglicemia

Fonte: adaptado de PCDT DM2; 2024.

A Figura 9 indica o uso de insulina em pacientes com DM2.

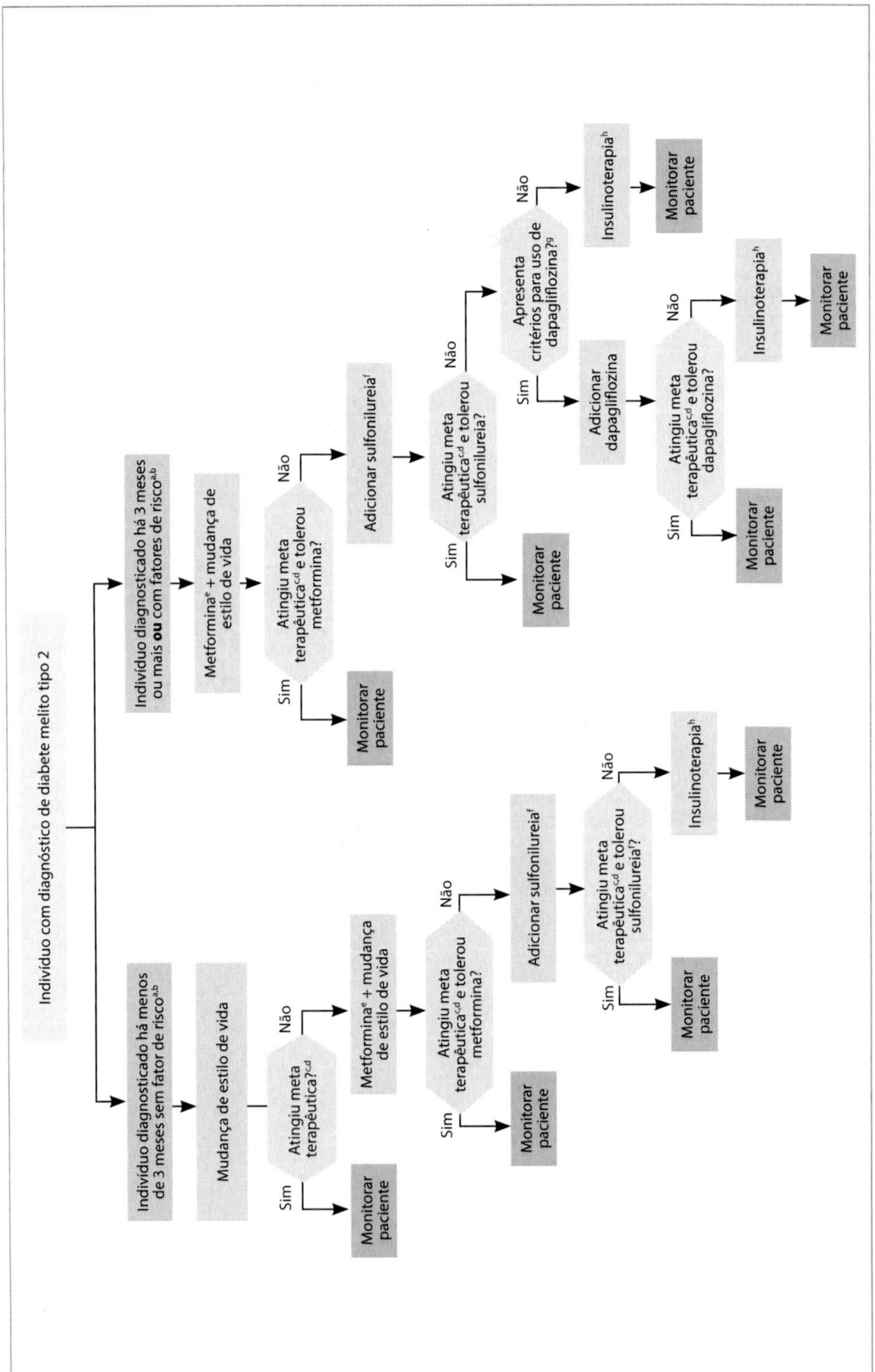

Figura 8 Diretrizes para o tratamento de DM2. *(continua)*

Figura 8 Diretrizes para o tratamento de DM2.

[a] Fatores de risco: sobrepeso ou obesidade (IMC ≥ 30 kg/m^2), sedentarismo, familiar em primeiro grau com diabete melito, mulheres com gestação prévia cujo peso do feto ≥ 4 kg ou com diagnóstico de diabete melito gestacional, pressão arterial ≥ 140/90 mmHg ou em uso de anti-hipertensivo, HDL colesterol ≤ 35 mg/dL ou triglicerídeos ≥ 250 mg/dL, mulheres com síndrome dos ovários policísticos, outras condições clínicas associadas à resistência insulínica, história de doença cardiovascular.

[b] Indivíduos com hemoglobina glicada (HbA1c) > 9% ou glicemia de jejum ≥ 300 mg/dL, sintomas de hiperglicemia aguda (poliúria, polidipsia, perda ponderal) ou na presença de intercorrências médicas e internações hospitalares decorrentes de diabete melito tipo 2 devem iniciar insulinoterapia.

[c] Avaliar o estado glicêmico após 3 a 6 meses, no máximo.

[d] Metas terapêuticas: HbA1c < 7,0% ou, em idosos, de 7,5% a 8,0%.

[e] Sugere-se iniciar com metformina 850 mg, 1 comprimido/dia, podendo aumentar após 2 semanas. Destacando que a dose máxima terapêutica é de 2.550 mg/dia (dose máxima efetiva).

[f] Para idosos, sugere-se a gliclazida como sulfonilureia como opção à glibenclamida.

[g] Critério de elegibilidade para dapagliflozina: indivíduos com necessidade de segunda intensificação de tratamento com 40 anos ou mais e doença cardiovascular estabelecida (infarto agudo do miocárdio prévio, cirurgia de revascularização do miocárdio prévia, angiosplastia prévia das coronárias, angina estável ou instável, acidente vascular cerebral isquêmico prévio, ataque isquêmico transitório prévio e insuficiência cardíaca com fração de ejeção abaixo de 40%), ou; homens com 55 anos ou mais ou mulheres com 60 anos ou mais e alto risco de desenvolver doença cardiovascular, definido como ao menos um dos seguintes fatores de risco cardiovascular: hipertensão arterial sistêmica, dislipidemia ou tabagismo.

[h] Os hipoglicemiantes orais podem ser mantidos, a critério médico, principalmente a metformina, nos casos com resistência à insulina.

Fonte: PCDT DM2; 2024.

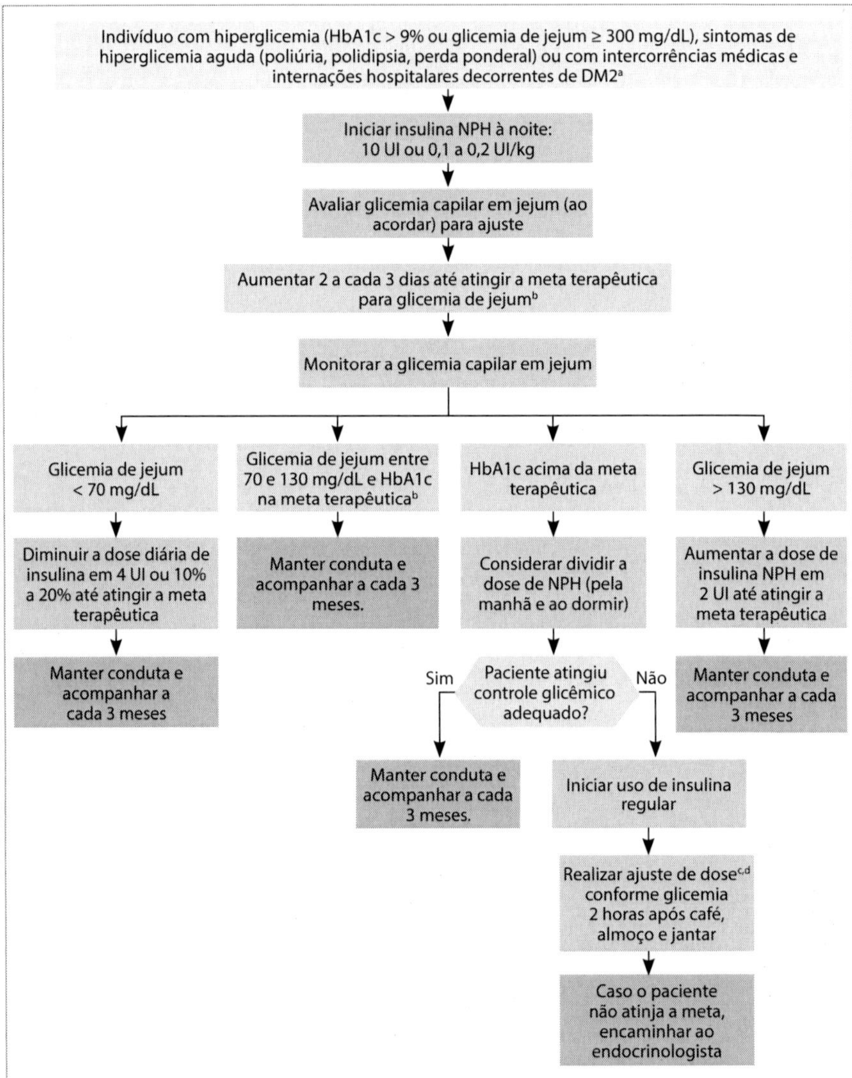

Figura 9 Indicação do uso de insulina em pacientes com DM2.

[a] Manter os tratamentos orais, a não ser que haja contraindicação ou não haja mais indicação (por exemplo, falência pancreática ou uso de esquema basal/*bolus* – neste caso, não se recomenda manter sulfonilureia).

[b] Consultar metas terapêuticas conforme população.

[c] O ajuste da dose deve ser feito pelo médico. O médico deverá instruir o paciente a registrar a glicemia capilar no domicílio, de forma adequada.

[d] Para ajuste de insulina regular, adicionar 1 UI a 2 UI, ou 10% a 15% da dose, duas vezes por semana, conforme valores de glicemias pós-prandiais.

HbA1c: Hemoglobina glicada. DM2: Diabete *mellitus* tipo 2.

Fonte: PCDT DM2; 2024.

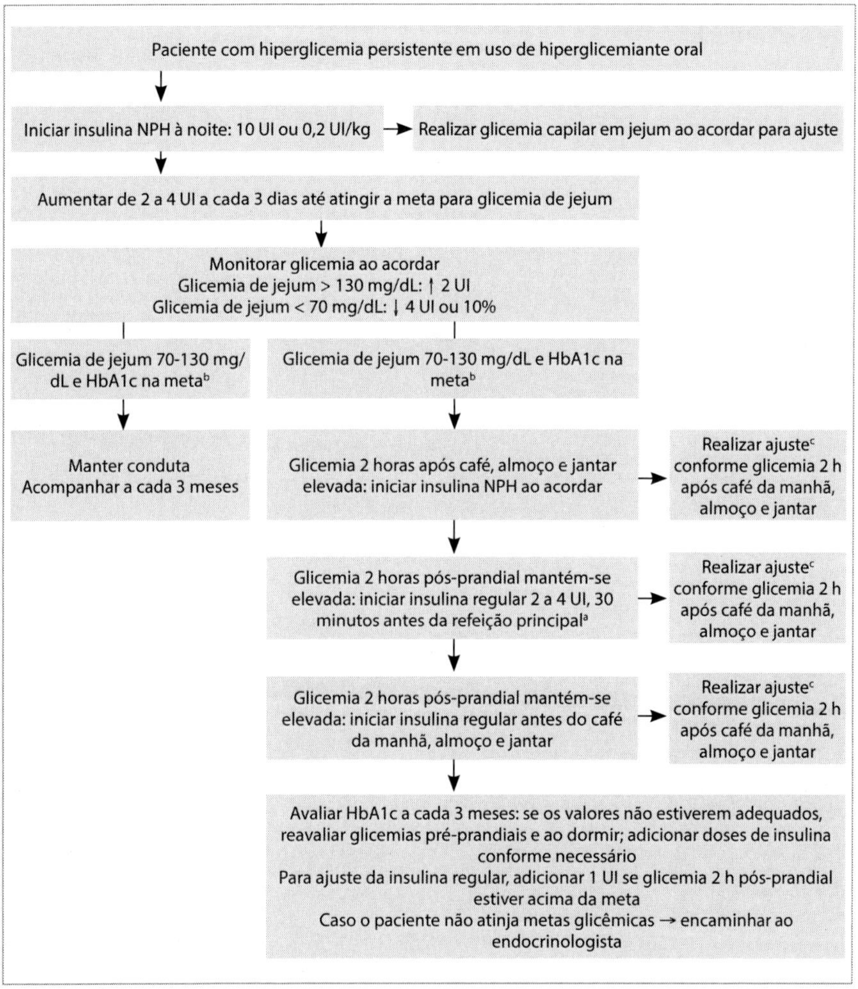

Figura 10 Indicação para uso de insulina em DM2.

[a] Refeição principal geralmente se refere ao almoço no contexto brasileiro, devendo ser conferido com o paciente o padrão alimentar.

[b] Meta glicêmica para HbA1c: ≤ 7%.

[c] O ajuste de dose deverá ser feito pelo médico. O médico deverá instruir o paciente a registrar a glicemia capilar no domicílio, de forma adequada.

Fonte: PCDT DM2; 2020.

Pacientes com diabetes *mellitus* tipo 2 apresentam algumas complicações ao longo de seu acompanhamento, devendo a equipe assistente manejar de maneira adequada evitando possíveis agravos e internações. Dentre tais complicações, destaca-se a hipoglicemia quando valores de Dx < 70 mg/dL, podendo ser leve (glicemia 54-69 mg/dL), associada a tremores e palpitações, ou grave (< 54 mg/dL), associada a mudança comportamental, confusão mental, convulsão e coma. Para prevenção orienta-se ceia antes de dormir que contenha carboidratos, proteínas e gordura (PCDT DM2; 2024).

Em relação a complicações a longo prazo, as principais são as microvasculares, como retinopatia, nefropatia e neuropatia, e as macrovasculares, como infarto agudo do miocárdio, acidente vascular encefálico e doença vascular periférica. Desse modo, com o objetivo de prevenir e evitar a progressão de tais complicações, é preciso fazer um controle glicêmico rigoroso.

A Figura 11 indica os possíveis tratamentos de DM2, bem como as medicações disponíveis no SUS.

Para realizar ajustes medicamentosos e atingir metas glicêmicas, é imprescindível o monitoramento da glicemia por meio da glicemia capilar. Na PSR, o armazenamento de seringas e agulhas é arriscado e insalubre, por isso é recomendado armazená-las em unidades de saúde parceiras ou com a rede de apoio. Entretanto, é importante reconhecer os desafios enfrentados por essa população, sendo necessário reforçar a coparticipação do paciente no seu processo saúde-doença, intensificando sua autonomia por meio de estratégias que preconizem o uso de antidiabéticos orais e, caso seja necessário, o uso de insulinas em forma de caneta, como sugerido pelo PCDT, visto que elas podem ficar até 30 dias fora da geladeira após abertas. Além disso, é fundamental oferecer as devidas orientações de uso consciente da insulinoterapia conforme a disponibilidade nutricional diária individual.

O Quadro 9 aborda os exames complementares de acompanhamento para a DM2, bem como sua periodicidade.

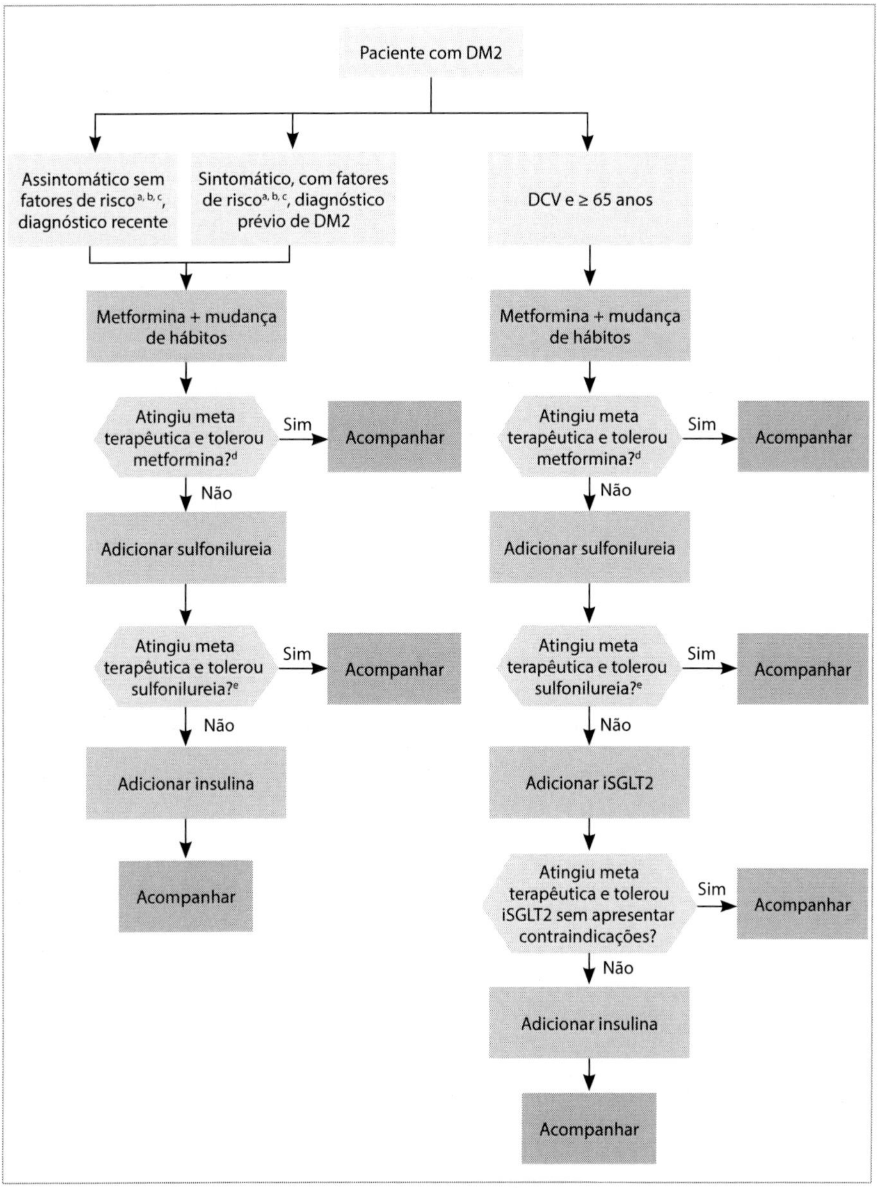

Figura 11 Tratamento da DM2 com medicações disponíveis no SUS.

Fonte: SBD; 2023.

Quadro 9 Exames complementares de acompanhamento para DM2

Avaliação	Periodicidade[a]
Monitoramento do peso	Em cada consulta
Estratificação de risco cardiovascular	Em cada consulta
Pressão arterial	Em cada consulta
Avaliação do pé diabético (monofilamento e pulsos podais)	Ao diagnóstico e anualmente
Dislipidemia (colesterol total, triglicerídeos, HDL-c, LDL-c)	Ao diagnóstico e anualmente
Glicemia plasmática de jejum e hemoglobina glicada	Ao diagnóstico e a cada 6 meses
Avaliação de nefropatia (creatinina sérica, albuminúria)	Ao diagnóstico e anualmente
Avaliação de retinopatia (fundoscopia)	Ao diagnóstico e anualmente

HDL-c: lipoproteína de alta densidade; LDL-c: lipoproteína de baixa densidade.

[a] De acordo com a necessidade do paciente, avaliações anuais ou semestrais podem ser antecipadas.

Fonte: PCDT DM2; 2024.

Herpes-zóster

Herpes-zóster (HZ) é uma doença decorrente da reativação do herpesvírus humano tipo três (HHV-3), também conhecido como vírus varicela-zóster (VVZ) ou herpes-zóster vírus (HZV). Trata-se de um vírus de DNA da família *Herpesviridae*, a qual possui a capacidade de latência nos gânglios da raiz dorsal dos nervos sensitivos.

É escassa a literatura que aborda a prevalência dessa enfermidade na PSR, mas é possível compreender a importância desse tema devido aos fatores de risco aos quais esse grupo é exposto.

A infecção primária pelo VVZ, a varicela, é transmitida por contato direto, inalação de aerossóis provenientes do fluido das vesículas cutâneas ou secreções contaminadas do trato respiratório. O VVZ migra de modo centrípeto das lesões na pele e nas mucosas até os gânglios sensitivos, onde estabelece infecção latente permanente. A reativação, que ocorre nos gânglios onde o VVZ alcança maior densidade, gera multiplicação viral e se espalha de modo centrífugo, em sentido inverso pelo nervo sensitivo até a pele ou mucosa, desencadeando as lesões de herpes-zóster ao longo do dermátomo. No quadro de herpes-zóster, a contaminação pelo VVZ também pode ocorrer por contato direto, contudo, a transmissibilidade é menor que na infecção primária.

Geralmente, o quadro clínico inclui:

- Sintomas prodrômicos: adinamia, cefaleia, febre baixa e manifestações locais, como prurido, dor (leve a intensa, em queimação ou lancinante), alteração da sensibilidade do dermátomo acometido (hiperestesia, parestesia, alodínia).
- Erupção cutânea: inicia com máculas e pápulas (após 24 h do início do quadro), evoluindo para vesículas (48 h), pústulas (96 h), erosões e crostas (7 a 10 dias).

O aspecto de crosta indica o fim da transmissão viral, apesar de a resolução completa das lesões ocorrer após cerca de 2 a 4 semanas do quadro. Contudo, pode haver acometimento do nervo sensitivo sem lesões cutâneas, denominado *zoster sine herpete*.

A distribuição acomete o dermátomo, bem como a mucosa correspondente, de forma unilateral e normalmente não ultrapassa a linha média, condizente com o comprometimento de um único gânglio dorsal da raiz ou nervo craniano. Os dermátomos mais acometidos são: torácico, trigeminal, lombar e cervical.

O que muda na PSR?

A incidência de herpes-zóster é maior na população com algum grau de comprometimento imunológico, o que favorece a reativação. Tal comprometimento pode ser de forma crônica, incluindo idade avançada, infecção pelo vírus da imunodeficiência humana (HIV), doenças sistêmicas crônicas, neoplasias, uso de drogas imunossupressoras, desnutrição, ou de forma aguda, como situações de estresse agudo, exposição solar prolongada, traumatismo, dentre outros. Considerando que a PSR enfrenta dificuldades de acesso a serviços de saúde, alimentação adequada, prevenção de doenças infectocontagiosas e ao controle de doenças crônicas, esse grupo encontra-se vulnerável ao desenvolvimento de herpes-zóster, independentemente da idade. Ainda nesse cenário, as dificuldades de acesso a higiene adequada favorece quadros de infecção secundária bacteriana das lesões.

Em casos de imunocomprometimento, há o risco aumentado para desenvolver um episódio de HZ, bem como apresentar maior gravidade e maior risco de complicações, como disseminação cutânea, lesões bilaterais em tronco, cicatrização tardia das lesões, disseminação visceral e neuralgia pós-herpética.

Neuralgia pós-herpética (NPH) é a complicação mais comum do herpes-zóster, podendo estar presente em cerca de metade dos pacientes idosos.

Estima-se também que cerca de 20% dos pacientes acometidos por HZ desenvolverão NPH. Tem caráter crônico, persistindo por mais de 1 mês da resolução da erupção cutânea, durando entre meses e anos, provavelmente por cicatrização do gânglio sensitivo e de estruturas neurais, consequente da inflamação do nervo infectado. A dor pode ser constante ou intermitente, em queimação ou lancinante, podendo ser incapacitante.

Diagnóstico

A maioria dos casos de herpes-zóster é diagnosticada clinicamente, o que facilita a identificação da doença na PSR, que demanda atendimentos resolutivos. A probabilidade do diagnóstico aumenta com o relato prévio de varicela e com a presença de sinais e sintomas clássicos, como erupção cutânea em dermátomos e pródromos de dor local. É importante lembrar dos casos de *zoster sine herpete*, sem acometimento cutâneo, e da possibilidade de apresentação visceral e presença de lesões cutâneas disseminadas. Além disso, situações presumidas de instabilidade imunológica, como os fatores de risco citados anteriormente, também favorecem a hipótese. É importante a investigação de doenças crônicas e infecções sexualmente transmissíveis, especialmente HIV, em casos disseminados ou recidivantes.

Para situações de difícil elucidação diagnóstica, exames complementares podem ser úteis, como imunofluorescência direta para o antígeno do VVZ ou reação em cadeia da polimerase (PCR) para o DNA do VVZ.

Tratamento

O tratamento de herpes-zóster objetiva:

- Tratar a infecção viral aguda.
- Tratar a dor aguda associada.
- Prevenir complicações, como a neuralgia pós-herpética.

A terapia antiviral é recomendada para todos os pacientes imunocomprometidos com herpes-zóster e para os imunocompetentes com idade igual ou superior a 50 anos, dor moderada ou grave, erupção cutânea grave ou envolvimento fora do tronco. O medicamento disponível na rede do Sistema Único de Saúde (SUS) é o aciclovir, na apresentação de 200 mg, facilitando o acesso da

PSR à medicação. Em contrapartida, apresenta desvantagem quanto à posologia. O Quadro 10 traz o tratamento e a posologia antiviral para herpes-zóster disponível no SUS.

Quadro 10 Tratamento antiviral para herpes-zóster disponível no SUS

Antiviral sistêmico	Posologia
Aciclovir	800 mg - 5 vezes ao dia, por 7 a 10 dias (apresentação disponível no SUS: 200 mg)

Fonte: adaptado de Coelho PA, et al., 2014.

O manejo da dor varia conforme sua intensidade. Em ordem crescente de escalonamento, podem ser feitos analgésicos comuns, anti-inflamatórios não esteroidais (AINE) e opioides. No Quadro 11, estão as apresentações ofertadas na Atenção Primária do SUS.

Quadro 11 Medicações disponíveis no SUS para manejo da dor no quadro de herpes-zóster

Analgésico comum	Anti-inflamatório não esteroidal (AINE)	Associação com opioides
Dipirona comprimido 500 mg solução oral 500 mg/mL solução injetável 500 mg/mL	Ibuprofeno comprimido 600 mg solução oral 50 mg/mL	Paracetamol + codeína comprimido 500 mg + 30 mg
Paracetamol comprimido 500 mg solução oral 200 mg/mL		

Em casos de neuralgia pós-herpética, medicamentos com ação moduladora da dor, como antidepressivos tricíclicos (amitriptilina 25 mg, nortriptilina 25 mg) ou agentes anticonvulsivantes (gabapentina 300 mg, pregabalina 75 mg) podem ser utilizados. Essas medicações estão disponíveis no SUS.

Prevenção

É importante frisar que pacientes com herpes-zóster também podem transmitir o VVZ por contato direto a pessoas não imunizadas (de forma passiva ou ativa) para varicela, surgindo, portanto, o quadro da infecção primária. Dessa forma, deve haver precaução de contato com as lesões. Em casos de lesões disseminadas ou em imunocomprometidos, deve-se acrescentar precaução de aerossóis.

A vacina contra herpes-zóster é recomendada para indivíduos a partir de 50 anos ou imunossuprimidos, contudo, ainda não está disponível no SUS.

DESFECHO DO CASO CLÍNICO

Plano

- Estabelecer o vínculo do paciente com a Unidade Básica de Saúde mais próxima.
- Dar orientações gerais e sobre mudanças no estilo de vida de acordo com a capacidade do paciente.
- Reforçar a importância da adesão medicamentosa, visando evitar complicações e agravos à saúde.
- Optar por medicação anti-hipertensiva de uma única tomada diária (como anlodipino), visando facilitar a adesão do paciente.
- Avaliar a utilização de hipoglicemiante oral metformina, pelo menor risco de hipoglicemia, diante da impossibilidade de alimentação regular.
- Conversar com o paciente sobre a possibilidade de realizar coleta de exames na próxima avaliação, com o objetivo de ajustes medicamentosos.

Evolução do caso

Após uma semana, a equipe do Consultório de Rua retorna à praça onde encontrou Arnaldo. Ele afirma que gostaria de manter o tratamento para suas patologias, sendo então levado à unidade mais próxima e apresentado à equipe de Estratégia de Saúde da Família. Apresentava boa adesão medicamentosa de anti-hipertensivo e hipoglicemiantes orais. Concorda em fazer exames de sangue na Unidade de Saúde após conversar com a equipe e partilhar suas angústias. Refere que as lesões de pele estavam melhores e que gostaria de acompanhar com a enfermeira da unidade. Após um ano do primeiro atendimento, Arnaldo continua assíduo no Consultório de Rua, realizando exames frequentes e participando de terapia de grupo no CAPS AD (álcool e drogas), além de participar de grupo de tabagismo. Além disso, tem buscado a UBS próxima para consultas regulares.

REFERÊNCIAS BIBLIOGRÁFICAS

População em situação de rua

1. Brasil. Ministério dos Direitos Humanos e da Cidadania. População em situação de rua – diagnóstico com base nos dados e informações disponíveis em registros administrativos e sistemas do Governo Federal. Brasília; 2023. Disponível em: https://www.gov.br/mdh/pt-br/navegue-por-temas/populacao-em-situacao-de-rua/publicacoes/relat_pop_rua_digital.pdf. Acesso em: 08 jun. de 2024.
2. Brasil. Ministério de Planejamento e Orçamento. Instituto de Pesquisa Econômica aplicada. Nota Técnica: estimativa da população em situação de rua no Brasil (2012-2022). Brasília, fevereiro de 2023. Nº 103 – Diretoria de Estudos e Políticas Sociais. DOI: http://dx.doi.org/10.38116/ntdisoc103. Disponível em: https://repositorio.ipea.gov.br/bitstream/11058/11604/4/NT_103_Disoc_Estimativa_da_Populacao.pdf. Acesso em: 8 jun. de 2024.
3. Brasil. Comissão Intergestores Tripartite. Resolução nº 2, de 27 de fevereiro de 2013. Define diretrizes e estratégias de orientação para o processo de enfrentamento das iniquidades e desigualdades em saúde com foco na população em situação de rua (PSR) no âmbito do Sistema Único de Saúde (SUS). Brasília, fevereiro 2023. Disponível em: https://bvsms.saude.gov.br/bvs/saudelegis/cit/2013/res0002_27_02_2013.html. Acesso em: 8 jun. de 2024.
4. Brasil. Ministério da Saúde. Secretaria de Gestão Estratégica e Participativa, Departamento de Apoio à Gestão Participativa. Saúde da população em situação de rua: um direito humano / Ministério da Saúde, Secretaria de Gestão Estratégica e Participativa, Departamento de Apoio à Gestão Participativa. Brasília: Ministério da Saúde; 2014. 38p.: il. Disponível em: https://bvsms.saude.gov.br/bvs/publicacoes/saude_populacao_situacao_rua.pdf. Acesso em: 8 jun. de 2024.
5. Brasil. Texto para discussão/Instituto de Pesquisa Econômica Aplicada. Estimativa da população em situação de rua no Brasil. Brasília: Rio de Janeiro: Ipea; 1990. Disponível em: https://repositorio.ipea.gov.br/bitstream/11058/7289/1/td_2246.pdf. Acesso em: 8 jun. de 2024.
6. Brasil. Serviços e Informações do Brasil. Acessar o Centro de Referência Especializado para População em Situação de Rua (Centro POP). Brasília; 2023. Disponível em: https://www.gov.br/pt-br/servicos/acessar-centro-pop-centro-de-referencia-especializado-para-populacao-em-situacao-de-rua. Acesso em: 9 jun. de 2024.
7. Baggett TP, Kertesz SG, Schwenk TL, Law K. Health care of people experiencing homelessness in the United States. 2023. Disponível em: https://www.uptodate.com/contents/health-care-of-people-experiencing-homelessness-in-the-united-states?search=homeless%20hypertension&source=search_result&selectedTitle=1~150&usage_type=default&display_rank=1. Acesso em: 9 jun. de 2024.

Hipertensão arterial sistêmica

1. Colucci WS, Gottlieb SS, Hoekstra J, Dardas TF. Treatment of acute decompensated heart failure: General considerations. 2022. Disponível em: https://www.uptodate.com/contents/treatment-of-acute-decompensated-heart-failure-general-considerations?search=hypertension%20in%20homeless&source=search_result&selectedTitle=3~150&usage_type=default&display_rank=3. Acesso em: 8 jun. de 2024.

2. Basile J, Bloch MJ, Bakris GL, White WB, Law MD, Forman JP. Overview of hypertension in adults. 2024. Disponível em: https://www.uptodate.com/contents/overview-of-hypertension-in-adults?sectionName=Who%20should%20be%20treated%20with%20pharmacologic%20therapy%3F&search=hypertension%20&topicRef=3869&anchor=H3639365205&source=-see_link#H3639365205. Acesso em: 8 jun. de 2024.
3. De Barba ML, Oliveira AL, Medeiros FMP, Ramos KS, Ferreira MNB, Deco MMA, et al. Os desafios para o manejo de doenças crônicas na população em situação de rua. Brazilian Journal of Health Review. 2021;4(2):9257-73. Disponível em: https://ojs.brazilianjournals.com.br/ojs/index.php/BJHR/article/view/28749/22702. Acesso em: 8 jun. de 2024.
4. Silva CHO, Menezes AC, Silva AF, Bianco PDA, Silva DP, Monte LM, Rodrigues JB, Guimarães G, Costa MB, Muniz CCS. Hipertensão como fator de risco cardiovascular na população em situação de rua de São Paulo. Saúde Coletiva. 2021;(11)70. Disponível em https://revistasaude-coletiva.com.br/index.php/saudecoletiva/article/view/2053/2527. Acesso em: 9 jun. de 2024.
5. Barroso WKS, Rodrigues CIS, Bortolotto LA, Mota-Gomes MA, Brandão AA, Feitosa ADM, et al. Diretrizes Brasileiras de Hipertensão Arterial – 2020. Arq Bras Cardiol. 2021;116(3):516-658. Disponível em: http://departamentos.cardiol.br/sbc-dha/profissional/pdf/Diretriz-HAS-2020.pdf. Acesso em: 9 jun. de 2024.
6. Brasil. Ministério da Saúde. Atenção Primária - Consultório de Rua. Disponível em: https://www.gov.br/saude/pt-br/composicao/saps/consultorio-na-rua. Acesso em: 9 jun. de 2024.
7. Izar MC, Fonseca FAH, Santos RD, Faludi AA, Giraldez VZR. Calculadora para estratificação de risco cardiovascular. Atualização 2020. SBC, SBD, Aché, SBEM. Departamento de Aterosclerose – SBD. Disponível em: http://departamentos.cardiol.br/sbc-da/2015/CALCULADORAER2020/index.html. Acesso em: 9 jun. de 2024.
8. Brasil. Ministério da Saúde. Secretaria de Ciência, Tecnologia, Inovação e Insumos Estratégicos em Saúde. Departamento de Assistência Farmacêutica e Insumos Estratégicos. Relação Nacional de Medicamentos Essenciais Rename 2022 [recurso eletrônico]/Ministério da Saúde, Secretaria de Ciência, Tecnologia, Inovação e Insumos Estratégicos em Saúde, Departamento de Assistência Farmacêutica e Insumos Estratégicos. Brasília: Ministério da Saúde; 2022. Disponível em: https://www.gov.br/saude/pt-br/composicao/sectics/daf/rename/20210367-rename-2022_final.pdf. Acesso em: 9 jun. de 2024.
9. Gomes RS, Passoni LCL, Sirigatti R, Rozin L, Sanches LC, Cavassin FB. Saúde dos indivíduos em situação de rua: entre queixas, sintomas e determinantes das doenças crônicas. Rev Bras Med Fam Comunidade. 2022;17(44):3233. Disponível em: https://rbmfc.org.br/rbmfc/article/view/3233/1791. Acesso em: 9 jun. de 2024.
10. Mann JFE, Flack JM, Bakris GL, White WB, Law K, Forman JP. Choice of drug therapy in primary (essential) hypertension. UpToDate; 2024. Disponível em: https://www.uptodate.com/contents/choice-of-drug-therapy-in-primary-essential-hypertension?search=hypertension%20&source=-search_result&selectedTitle=2~150&usage_type=default&display_rank=2#H1325852043. Acesso em: 9 jun. de 2024.

Diabetes *mellitus*

1. Brasil. Ministério da Saúde. Secretaria de ciência, tecnologia, inovação e do complexo econômico – industrial da saúde. Protocolo Clínico e Diretrizes Terapêuticas do Diabete Melito Tipo 2. 2024. Disponível em: https://www.gov.br/saude/pt-br/composicao/saps/ecv/publicacoes/protocolo-clinico-de-diretrizes-terapeuticas-pcdt-para-diabetes-mellitus-tipo-ii/@@download/file. Acesso em: 09 jun. de 2024

2. Brasil. Ministério da Saúde. Secretaria de ciência, tecnologia, inovação e insumos estratégicos. Protocolo Clínico e Diretrizes Terapêuticas do Diabete Melito Tipo 2. 2020. Disponível em: http://conitec.gov.br/images/Protocolos/20201113_Minuta_PCDT_Diabete_Melito_Tipo_2_29_10_2020_Final.pdf Acesso em: 09 jun. de 2024.
3. Bahia L, Almeida-Pititto B, Bertoluci M. Tratamento do diabetes mellitus tipo 2 no SUS. Diretriz Oficial da Sociedade Brasileira de Diabetes (2023). Disponível em: https://diretriz.diabetes.org.br/tratamento-do-diabetes-mellitus-tipo-2-no-sus/#citacao. Acesso em: 09 jun. de 2024.
4. Cobas R, Rodacki M, Giacaglia L, Calliari L, Noronha R, Valerio C, et al. Diagnóstico do diabetes e rastreamento do diabetes tipo 2. Diretriz Oficial da Sociedade Brasileira de Diabetes (2023). Disponível em: https://diretriz.diabetes.org.br/diagnostico-e-rastreamento-do-diabetes-tipo-2/. Acesso em: 09 jun. de 2024.
5. Melo KFS, Almeida-Pittito B, Pedrosa HC. Tratamento do Diabetes Mellitus Tipo 1 no SUS. Diretriz Oficial da Sociedade Brasileira de Diabetes (2023). Disponível em: https://diretriz.diabetes.org.br/tratamento-do-diabetes-mellitus-tipo-1-no-sus/#citacao. Acesso em: 09 jun. de 2024.
6. Richert A, Chang L, Jenkins D, Tinker T, Watts C. Adapting your practice: recommendations for the care of patients experiencing homelessness diagnosed with diabetes. Nashville, TN: Health Care for the Homeless Council, Inc.; 2019. Disponível em: https://nhchc.org/wp-content/uploads/2019/10/FinalNHCHC-ADAPTING-YOUR-PRACTICE-diabetes10..9.19.pdf. Acesso em: 09 jun. de 2024.
7. Pottie K, Kendall CE, Aubry T, Magwood O, Andermann A, Salvalaggio G. Clinical guideline for homeless and vulnerably housed people, and people with lived homelessness experience. CMAJ. 2020;192:E240-54. Disponível em: https://www.cmaj.ca/content/cmaj/192/10/E240.full.pdf. Acesso em: 09 jun. de 2024.
8. National Institute for Health and Care Excellence (NICE). Centre for Homelessness Impact. Integrated health and social care for people experiencing homelessness (NG214). 2022. Disponível em: https://www.nice.org.uk/guidance/ng214. Acesso em: 09 jun. de 2024.
9. Health care for homeless women. Committee Opinion nº. 576. American College of Obstetricians and Gynecologists. Obstet Gynecol 2013;122:936–40. Disponível em: https://www.acog.org/clinical/clinical-guidance/committee-opinion/articles/2013/10/health-care-for-homeless-women?utm_source=redirect&utm_medium=web&utm_campaign=otn. Acesso em: 09 jun. de 2024.

Herpes-zóster

1. Brasil. Ministério da Saúde. Secretaria de Atenção à Saúde. Departamento de Atenção Básica. Acolhimento à demanda espontânea: queixas mais comuns na Atenção Básica. Cadernos de Atenção Básica n. 28, v. II. Brasília, 2013.
2. Coelho PAB, Coelho PB, Carvalho NC, Duncan MS. Diagnóstico e manejo do herpes-zóster pelo médico de família e comunidade. Rev Bras Med Fam Comunidade. 2014;9(32):279-285.
3. Couto BAC, Rodrigues LC, Tavares NV, Lima GT, Souza TVC de, Teixeira MB, et al. Uma breve revisão literária sobre herpes zoster na faixa pediátrica com ênfase para as manifestações em imunossuprimidos. Braz. J. Hea. Rev. 2020;3(6):19123-34.
4. Tavares W, Marinho LAC. Rotinas de diagnóstico e tratamento das doenças infecciosas e parasitárias. 4. ed. São Paulo: Editora Atheneu; 2015.
5. Wolf K, Johnson RA, Saavedra AP. Dermatologia de Fitzpatrick: atlas e texto. 7. ed. São Paulo: McGraw Hill Brasil; 2015.

Capítulo 9

Promoção da adesão ao cuidado

Lucas Eliel Beserra Moura
Rubens Torres de Holanda Cavalcante Filho
Talita Gomes Lopes Feitosa
Ana Karoline Pereira Barros
Amanda Monteiro do Nascimento Casado
Lívio Martins Lousada

CASO CLÍNICO

Em uma praça localizada em um dos bairros mais nobres da cidade, entre duas árvores frondosas, um rapaz bem jovem é encontrado deitado em um colchão rasgado imerso entre papelões, sacolas plásticas e algumas poucas roupas. Ao seu lado uma moça de cabelos curtos e escuros comia um pão e observava o fluxo de carros importados pela avenida. O médico se aproxima e os convida para uma conversa.

Subjetivo

Cleiton, sexo masculino, 19 anos, relata que morava em uma comunidade de Fortaleza – CE com seus pais e seus três irmãos. Está em situação de rua há dois anos, vivendo em uma praça próxima ao centro da cidade. Saiu de casa devido a conflitos com o pai etilista, após diversos episódios de agressão verbal e física. Atualmente, possui relacionamento com uma parceira (Telma), porém afirma que ocasionalmente ela se prostitui para obter recursos financeiros, muitas vezes sem uso de preservativos. Afirma que nos últimos três meses vem apresentando tristeza intensa, labilidade emocional, anedonia, humor deprimido e falta de desejo de viver. Nega planejamento ou ideação suicida atuais, porém refere que muitas vezes deseja "sumir do mundo" e afirma que preferia não ter nascido. Negou delírios e alucinações. Relata que há uma semana, quando estava fervendo água em uma fogueira improvisada, sofreu uma queimadura no braço esquerdo. Afirma ter saudades da mãe e dos irmãos, porém só conseguiu vê-los algumas vezes quando o pai não estava em casa. O pai trabalha como policial militar e a mãe foi cuidadora de idosos até o nascimento dos filhos. Refere que realiza "bicos" ocasionalmente como ajudante de pedreiro, já tendo sido preso duas vezes por roubo. Durante a consulta, refere tosse seca há cerca de duas semanas com perda de 2 kg no período. Nega febre, dispneia, outros sintomas ou alergias. Afirma que não faz uso de substâncias psicoativas, além da ingestão de álcool ocasionalmente. Tabagista com carga tabágica de 10 maços/ano.

Mesmo após a conversa, o paciente se mostrava bastante relutante em realizar tratamento medicamentoso e afirmava que não iria à unidade de saúde pois tinha medo de ser agredido e preso.

Objetivo

Exame físico realizado no local, entre as árvores, em meio ao grande fluxo de veículos e barulho.

Bom estado geral, eupneico, acianótico, anictérico, afebril, semblante entristecido e bastante emagrecido. PA: 110/70 mmHg; FC: 91; saturação: 96%; T: 36,5 °C.

Oroscopia normal, ausência de linfonodomegalia cervical, presença de madarose.

Ausculta pulmonar com murmúrios vesiculares universalmente presentes e roncos esparsos e sibilos expiratórios em terço médio e inferior bilateral.

Ausculta cardíaca rítmica e normofonética, sem sopros ou bulhas acessórias audíveis.

Abdome flácido, indolor e sem visceromegalias aparentes.

Presença de lesão de queimadura ativa (grau 2) em região de braço esquerdo (10 cm).

Exame da região genital prejudicada por não existir local com iluminação e privacidade adequada.

Realizado testes rápidos para HIV, hepatite B e C, negativos. Reagente para sífilis.

Causas de madarose

3L + 3T = **L**ues, **L**epra, **L**ES, **T**ópico (pele), **T**ricotilomania, **T**ireoide (hipo/hipertireoidismo)

Avaliação

Lista de problemas:

- Vulnerabilidade social.
- Dificuldade de adesão ao tratamento.
- Insuficiência familiar.
- Suspeita de tuberculose (TB) pulmonar.
- Episódio depressivo.
- Sífilis adquirida latente.
- Exposição de risco para infecções sexualmente transmissíveis (ISTs).
- Queimadura.

Genograma familiar

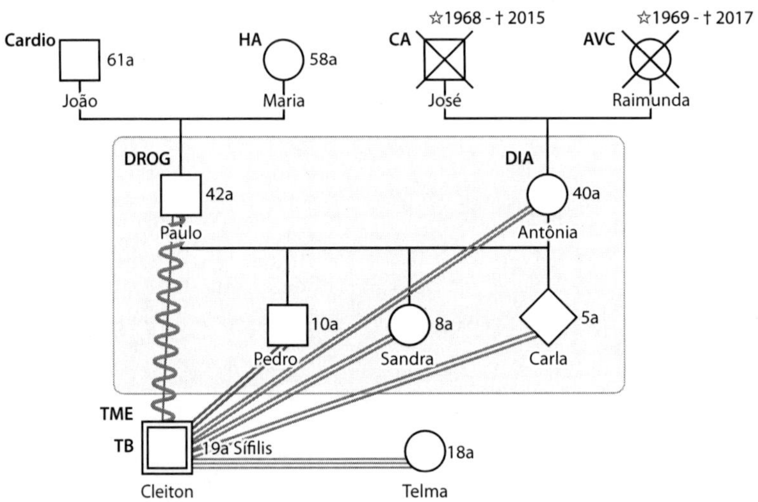

Figura 1 Genograma familiar apresentado no caso clínico.

Ecomapa

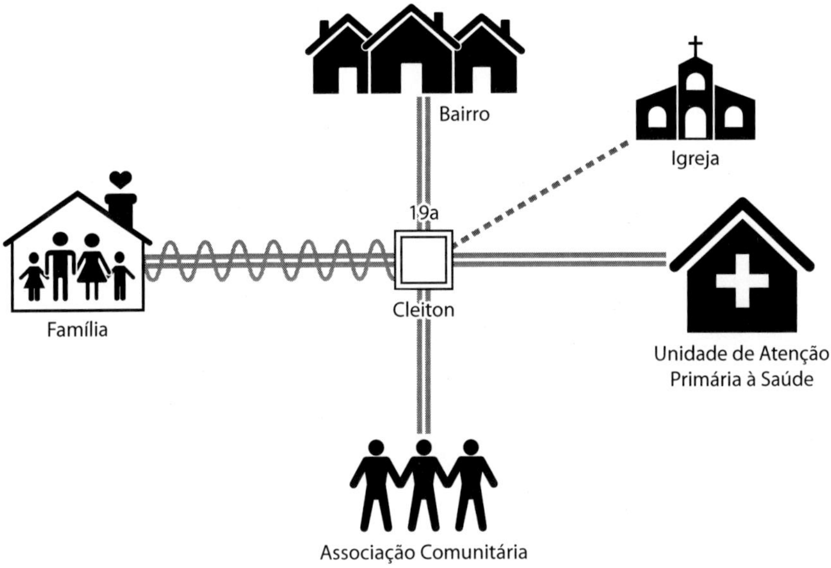

Figura 2 Ecomapa referente ao caso clínico.

DISCUSSÃO DO CASO

A baixa adesão terapêutica é um problema importante e bem reconhecido na literatura, sendo responsável por uma gigantesca quantidade de óbitos anualmente. Além disso, essa questão não se limita apenas aos medicamentos, incluindo o não comparecimento a consultas, o não seguimento de recomendações ou das práticas preventivas de saúde, sendo responsável por grandes prejuízos à saúde da população, representando um problema de saúde pública. A PSR é uma das mais afetadas por esse problema, pois enfrenta diversos obstáculos para o acesso aos serviços de saúde e para a manutenção da adesão ao tratamento. Diante disso, buscar estratégias que possibilitem o enfrentamento dessa problemática é um desafio fundamental na abordagem da PSR.

Entre essas estratégias, destacam-se o reforço do vínculo terapêutico, a particularização do tratamento, o apoio social, a abordagem da redução de danos e o uso de ferramentas como as práticas integrativas em saúde.

Um dos fatores mais importantes para a adesão ao tratamento é o vínculo terapêutico entre o profissional de saúde e o paciente. Isso envolve um cuidado humanizado, acolhedor e sem julgamentos, em que o paciente se sinta seguro e respeitado. O vínculo terapêutico pode ser construído por meio de uma abordagem centrada no paciente, em que o profissional de saúde ouve atentamente as preocupações e necessidades de cada pessoa, estabelecendo uma relação de confiança e respeito mútuo. Assim, para cada paciente deve existir um plano terapêutico singular.

O foco dos atendimentos deve ser amplo, abordando não somente as doenças e os seus tratamentos, mas buscando entender a pessoa como um todo e valorizando suas experiências e sentimentos. Entre a PSR, essa abordagem é particularmente importante, pois esse grupo heterogêneo e complexo é, muitas vezes, negligenciado e oprimido, fato que desestimula o contato desses pacientes com as unidades de saúde e a implementação de um cuidado longitudinal.

Outra estratégia importante é a adaptação do tratamento às necessidades específicas da PSR. Isso envolve levar em conta as condições de vida precárias e as particularidades clínicas desse grupo, como o uso de drogas, transtornos mentais e doenças infecciosas. A adaptação do tratamento pode incluir o uso de terapias específicas, como a terapia ocupacional, para ajudar os pacientes a lidar com os desafios cotidianos e a manter a adesão ao tratamento.

É importante ainda que exista um alinhamento das expectativas da equipe de saúde em relação à abordagem das PSR, tendo em vista que o foco na redução de danos pode ser uma estratégia mais viável para auxiliar na promoção da adesão ao tratamento na PSR.

Assim, uma ferramenta mnemônica que pode sintetizar as principais estratégias para otimizar a adesão terapêutica e facilitar o acompanhamento é o método SIMPLE, que sugere a abordagem combinada como ferramenta, utilizando o seguinte acrônimo:

S: Simplificação do regime terapêutico.
I: Intensificar a oferta dos seus conhecimentos sobre a condição do paciente.
M: Modificar crenças e mitos.
P: Promover a melhoria da comunicação com pacientes e familiares.
L: Levar em consideração aspectos demográficos.
E: Evolução da adesão.

Tuberculose

A tuberculose (TB) é uma das doenças infectocontagiosas mais prevalentes no mundo. Sabe-se que as PSR apresentam uma probabilidade de sucesso no tratamento 50% menor em relação à população geral. Além disso, a perda de seguimento e os óbitos são até 2,9 vezes maiores nessa população.

É importante salientar que diversos fatores de risco contribuem para que as PSR sejam um grupo com elevado risco para desenvolver tuberculose. Entre esses fatores, destacam-se as condições de vida precária, como convívio em ambientes superlotados e com baixa ventilação e iluminação, desnutrição e condições debilitantes, uso de tabaco e drogas que potencializam a infecção pelo *Mycobacterium tuberculosis* e falta de informações e acesso a serviços de saúde. Assim, o rastreio dessa patologia entre as PSR deve ser uma prioridade.

O que muda nas PSR?

Buscando aumentar a suspeição e diagnóstico precoce da TB, o Ministério da Saúde preconiza que qualquer tosse no contexto de pessoas em situação de rua deve ser investigada para TB. Não havendo um tempo mínimo do sintoma para esse rastreio.

Outro ponto importante em relação às PSR é a presença de sintomatologia pouco exuberante, podendo não existir febre ou uma perda ponderal significativa, tendo em vista que essa população costumeiramente apresenta algum grau de imunossupressão. São mais prevalentes, também, quadros extrapulmonares de TB, como ganglionar e pleural.

É importante salientar também que quadros graves de tuberculose (miliar e meníngea) são bem mais prevalentes nesses pacientes, fato que contribui para destacar a importância da vacinação já que a BCG previne predominantemente tais formas da doença.

Além disso, existe uma recomendação do Estado de São Paulo que, em 2002, orienta a realização de cultura e Teste de Sensibilidade para toda a população considerada de maior risco, como a PSR, profissionais de saúde e população carcerária.

Tratamento

O Tratamento Diretamente Observado (TDO) é uma ferramenta importante que pode ser empregada no tratamento das PSR. Consiste na observação, por profissional de saúde, da ingestão dos medicamentos pelo paciente em tratamento e que deve ser realizada, preferencialmente, todos os dias úteis da semana, possibilitando a construção de um vínculo entre o profissional e o paciente.

O local onde será realizado o TDO deve ser de escolha do paciente, podendo, em casos excepcionais, ser realizado 3x/semana com fornecimento da medicação para os outros dias a serem tomados pelo próprio paciente. Contudo, deve-se sempre ser exaustivamente explicada a necessidade da tomada diária. Ademais, a busca ativa dos pacientes que não aderirem ao tratamento é um ponto fundamental no sucesso do TDO.

Como estratégia para reforçar a adesão, devem ser oferecidos os incentivos que esse paciente tem direito ao aderir ao tratamento supervisionado, como o bilhete de transporte e cesta básica mensal durante o período do tratamento. Para a solicitação dos benefícios, devem ser encaminhadas às Unidades de Vigilância em Saúde (UVIS) de abrangência da área as informações necessárias junto do controle de acompanhamento diário.

Possíveis efeitos adversos e interações medicamentosas

A avaliação do paciente deve ser dinâmica, devendo ser sempre questionada sobre a tolerabilidade e o uso de outras substâncias durante o tratamento, buscando evitar o abandono e aumentar a adesão do paciente.

A maioria dos pacientes finaliza o tratamento sem apresentar reações adversas significativas. Entretanto, algumas alterações como a mudança na cor da urina e a intolerância gástrica, se não forem explicadas, podem resultar no abandono da terapêutica. As reações adversas mais frequentes ao esquema básico são: sintomas gastrointestinais (40%), alterações cutâneas (20%), icterícia (15%) e dores articulares (4%). O Quadro 1 indica algumas reações adversas aos fármacos do esquema básico e o Quadro 2 traz as principais interações medicamentosas dos fármacos do esquema básico.

Quadro 1 Reações adversas menores aos fármacos do esquema básico

Efeitos adversos	Prováveis responsáveis	Conduta
Náusea, vômitos e epigastralgia	Rifampicina; Isoniazida; Pirazinamida; Etambutol	Administração 2 h após o café + sintomáticos + avaliar função hepática
Secreções avermelhadas	Rifampicina	Orientar
Prurido e exantema leves	Rifampicina; Isoniazida	Anti-histamínico

(continua)

Quadro 1 Reações adversas menores aos fármacos do esquema básico *(continuação)*

Efeitos adversos	Prováveis responsáveis	Conduta
Artralgia	Pirazinamida; Isoniazida	Analgésico e AINEs
Neuropatia periférica	Isoniazida (comum), Etambutol (incomum)	Piridoxina 50 mg/dia e avaliar evolução Gabapentina/pregabalina
Hiperuricemia	Pirazinamida e Isoniazida	Evitar álcool e dieta hiperuricêmica + alopurinol e/ou colchicina, se necessário
Cefaleia e alterações comportamentais	Isoniazida	Orientar e encaminhar se necessário
Febre	Rifampicina; Isoniazida	Orientação e antitérmico

Fonte: adaptado de *Manual de recomendações para o controle da tuberculose no Brasil*. Brasil; 2019.

Quadro 2 Principais interações medicamentosas dos fármacos do esquema básico

Fármaco	Interage com	Efeito da interação	Recomendação
Rifampicina	Analgésicos, antiácidos e anticoagulantes	Reduz o nível sérico de analgésicos, antiácidos e anticoagulantes	Ajustar a dose do analgésico, se necessário, e evitar uso simultâneo com antiácido e anticoagulante
	Anticoncepcional	Reduz o nível sérico do ACO	Evitar uso simultâneo e considerar outros métodos contraceptivos
	Barbitúricos e beta-agonista	Reduz o nível sérico do barbitúrico e do beta-agonista	Avaliar necessidade de ajuste de dose e evitar uso simultâneo com beta-agonista
	Cetoconazol e Fluconazol	Reduz o nível sérico de ambos e aumenta a hepatotoxicidade	Considerar outros agentes terapêuticos
	Corticoide	Reduz o nível sérico do corticoide	Avaliar a necessidade de ajuste da dose do corticoide
	Enalapril	Reduz o nível sérico do enalapril	Evitar uso simultâneo
	Hipoglicemiantes orais	Reduz o nível sérico do hipoglicemiante	Monitorar níveis glicêmicos e considerar insulina
	Inibidores da protease e metadona	Reduz o nível sérico do IP e da metadona	Avaliar ajuste da dose e evitar uso simultâneo
	Sulfas	Maior hepatotoxicidade	Monitorar sintomas e enzimas hepáticas
Isoniazida	Imidazólicos e antiácidos	Reduz a absorção da isoniazida	Evitar uso simultâneo

(continua)

Quadro 2 Principais interações medicamentosas dos fármacos do esquema básico *(continuação)*

Fármaco	Interage com	Efeito da interação	Recomendação
	Acetaminofeno	Aumenta a hepatotoxicidade	Evitar uso simultâneo
	BDZ	Potencializa efeitos dos BDZ	Monitorar e considerar reduzir dose de BDZ
	Carbamazepina	Indução de toxicidade neurológica	Se possível, evitar uso simultâneo
	Corticoide	Maior metabolismo da isoniazida	Monitorar sintomas
	Sulfonilureia	Hipoglicemia	Evitar uso simultâneo, se necessário ajustar dose de sulfonilureias
Pirazinamida	Cetoconazol	Maior hepatotoxicidade	Monitorar sintomas e enzimas hepáticas
Etambutol	Antiácidos	Reduz a absorção do Etambutol	Evitar uso simultâneo

ACO: anticoncepcionais orais; BDZ: benzodiazepínicos.

Fonte: adaptado de *Manual de recomendações para o controle da tuberculose no Brasil*. Brasil; 2019.

Queimadura

As queimaduras impactam os indivíduos em diversos âmbitos de vida, podendo provocar graves sequelas físicas e psicológicas, chegando a gerar incapacidade. Para as populações vulneráveis a ocorrência de queimaduras é ainda mais frequente e costuma gerar consequências graves. A falta de fogão e o contato constante com produtos inflamáveis, como álcool e papelão, são alguns dos fatores que justificam esse fato.

Ao abordar pacientes queimados é importante realizar a limpeza adequada da ferida, visando a retirada de tecidos desvitalizados e detritos sem prejudicar os tecidos viáveis. O tipo de curativo ideal deve ser individualizado, a depender da profundidade, localização e mecanismo da lesão. A troca desses curativos pode ser realizada na unidade de saúde, contribuindo para o vínculo do paciente com a equipe, ou, em algumas situações, os insumos necessários podem ser disponibilizados para a realização do procedimento pelo próprio paciente. Nesses casos, é indispensável garantir a reavaliação da lesão pela equipe de saúde evitando complicações como a infecção secundária.

O tratamento local tem como objetivo conter o crescimento bacteriano, remover tecidos desvitalizados e auxiliar na recuperação da lesão. Nas unidades de saúde são escassos os medicamentos com ação efetiva contra as queimaduras, sendo a sulfadiazina de prata 1% a principal escolha. Contudo, preparados com fitoterápicos, como o creme de *aloe vera* (babosa) a 0,5%, têm se mostrado mais baratos e eficazes no tratamento de queimaduras de 1º e 2° grau. Desse modo, o cultivo da planta e posterior preparo desses cremes pode representar uma solução viável para a falta de insumos eficazes no tratamento das lesões causadas por queimaduras.

Já o óleo mineral e a vaselina são alternativas economicamente viáveis que podem ser usados para estimular a epitelização em queimaduras de 1° e 2° grau.

O uso da pele de tilápia do Nilo também promete ser uma excelente alternativa como curativo e cobertura das feridas por queimadura na PSR, tendo em vista seu baixo custo e relevantes efeitos na recuperação das lesões. O Quadro 3 traz recomendações para o tratamento das feridas por queimadura.

Quadro 3 Recomendações gerais para o tratamento das feridas por queimadura

1º grau	Malha fina impregnada com vaselina ou óleo mineral e loção hidratante sem necessidade de curativo oclusivo
2º grau superficial	Malha fina oclusiva impregnada com vaselina ou óleo mineral
2º grau profundo	Sulfadiazina de prata, alginato de cálcio, polietileno revestido com prata, tela de poliamina, membrana sintética
3º grau	Sulfadiazina de prata, sulfadiazina com nitrato de cério, pele alógena

Fonte: adaptado de *Manual de queimaduras da Sociedade Brasileira de Queimaduras*. Brasília: Sociedade Brasileira de Queimaduras, 2021.

Encaminhamento para centros de tratamento específicos

Devem ser encaminhadas para centros de tratamento específicos as seguintes condições:

- Queimaduras de 2º grau superficiais > 10% SCQ.
- 2º grau profundo.
- 3º grau.
- Envolvendo face, extremidades, períneo, pescoço e axilas.
- Queimaduras elétricas ou químicas.
- Lesão por inalação.

Sífilis

Nos últimos anos, o Brasil vem enfrentando uma epidemia de sífilis, IST causada pela bactéria *Treponema pallidum*. Apenas em 2021, segundo o Ministério da Saúde, foram diagnosticados mais de 167 mil novos casos de sífilis adquirida, números que representam o pior ano da doença no país.

Uma importante parcela desses casos é identificada em populações vulneráveis. A dificuldade de acesso a unidades de saúde, o desconhecimento sobre as formas de contaminação e a elevada incidência de comportamentos de risco são fatores que contribuem para justificar esse fato. A busca ativa de casos por meio da aplicação de testes rápidos e a realização de campanhas de conscientização sobre a doença, com uso de estratégias que atinjam esse grupo, auxiliam no combate da epidemia. O tratamento dos parceiros e o incentivo ao uso de preservativos também contribuem nesse combate.

Não existem sinais ou sintomas específicos de sífilis. Assim, sua suspeição deve ser aventada com base na história e em achados clínicos sugestivos e, posteriormente, confirmada com exames laboratoriais. Na PSR, a suspeição da sífilis pode ser dificultada por confundidores como as lesões de pele comumente presente nessa população, que podem ser confundidas com a dermatite sifilítica. Além disso, sintomas como febre e linfadenomegalia generalizada podem não ocorrer nessa comunidade. Desse modo, a suspeição e rastreio com testes rápidos deve ser intensificada.

Neurossífilis

A neurossífilis pode ocorrer em qualquer estágio da doença, sendo responsável por importantes complicações e, até mesmo, o óbito. Contudo, existem indicações para a pesquisa com a realização de punção lombar nos seguintes casos:

- Na presença de sintomas neurológicos e/ou oftalmológicos.
- Caso confirmado de sífilis terciária ativa.
- Após falha no tratamento clínico sem reexposição sexual*.

* Em pessoas vivendo com HIV ou imunossuprimidos, a punção está indicada após falha do tratamento, independente da história sexual.

Em pessoas imunossuprimidas a progressão da sífilis costuma ser mais rápida, aumentando assim a incidência de neurossífilis. Logo, em pacientes soropositivos com baixa contagem de CD4 e desnutrição, deve-se sempre investigar de forma ativa a presença de sintomas neurológicos e oftalmológicos.

Tratamento

A primeira linha para o tratamento da sífilis é a benzilpenicilina ou a penicilina cristalina na presença de alteração liquórica. Em casos de alergia à penicilina, deve-se tentar a dessensibilização. Para pessoas em situação de rua o uso do tratamento de primeira linha tem impactos benéficos tanto na melhora da adesão como na garantia do tratamento eficaz, fundamental em casos de perda do seguimento, comum na PSR.

Entretanto, uma dificuldade encontrada no tratamento da sífilis na PSR é a não administração da benzilpenicilina fora da Unidade Básica de Saúde (UBS) por falta de instalações e equipamentos para o atendimento adequado de urgência/emergência, em caso de ocorrência de reação alérgica sistêmica. Dessa forma, cabe à equipe conduzir o paciente até a UBS integrada à equipe de consultório de rua para a aplicação.

O intervalo ideal entre as doses de penicilina para o tratamento da sífilis é de 7 a 9 dias, sendo aceito até 14 dias de intervalo. Contudo, em casos nos quais esse intervalo ultrapasse os 14 dias, o tratamento deve ser reiniciado.

Quando a penicilina não for utilizada, por alergia, falta ou por indisponibilidade de sítio para a aplicação (pela presença de prótese de silicone ou de silicone líquido), a doxiciclina 100 mg, VO, 12/12 h passa a ser a alternativa. O esquema deverá ser feito por 15 dias nos casos de sífilis primária, secundária ou latente precoce, e por 30 dias na sífilis terciária, latente tardia ou indeterminada.

A avaliação clínica, sorológica e o tratamento de parcerias sexuais (Quadro 4) de pessoas com diagnóstico de sífilis são essenciais para a interrupção da cadeia de transmissão. No entanto, a continuidade do acompanhamento através do exame VDRL apresenta desafios devido à baixa adesão pela PSR. Assim, a busca ativa e o incentivo ao acompanhamento são estratégias fundamentais.

Quadro 4 Tratamento dos parceiros sexuais

	Caso-índice	Tempo de contato	TTO da parceria
	Sífilis primária, secundária ou latente recente (até 1 ano de evolução)	Último contato até 90 dias antes do diagnóstico	Penicilina G benzatina, dose única 2,4 milhões UI, IM, (1,2 milhão UI em cada glúteo), independente do resultado dos testes sorológicos
Sífilis adquirida no adulto não gestante		Último contato há mais de 90 dias antes do diagnóstico	▪ Se teste negativo: não tratar ▪ Se teste positivo: tratar conforme avaliação clínica e diagnóstico
	Sífilis latente tardia (com mais de 1 ano de duração), latente com duração ignorada e sífilis terciária	Independente do tempo de contato	

Fonte: adaptado de Universidade Federal do Rio Grande do Sul (UFRGS). Telecondutas em Sífilis [Internet]. Porto Alegre: Universidade Federal do Rio Grande do Sul; 2023. Disponível em: https://www.ufrgs.br/telessauders/documentos/telecondutas/tc_sifilis.pdf.

Critérios de falha ou reinfecção

- Persistência ou retorno dos sinais e/ou sintomas.
- Se aumento da titulação em duas diluições (por exemplo, subir de 1:4 para 1:16).
- Se ausência de queda da titulação em duas diluições no intervalo de 6 meses, em caso de sífilis recente, ou 12 meses, se sífilis tardia, após realizar tratamento adequado.

Encaminhamento para centros de tratamento específicos

Devem ser encaminhados para centros de tratamento específicos as seguintes condições:

- Suspeita clínica ou laboratorial de neurossífilis.
- Caso suspeito ou confirmado de sífilis congênita.
- Gestantes ou PSR alérgicos a penicilina (para dessensibilização).

Depressão na PSR

O transtorno depressivo é uma das principais condições psiquiátricas que afetam a população mundial. As pessoas em situação de rua são ainda mais vulneráveis ao adoecimento psíquico, tendo em vista a situação de violência e segregação a qual são submetidos. O uso de substâncias lícitas e ilícitas também contribui para o adoecimento mental das PSR. Assim, é indispensável excluir condições que possam mimetizar episódios depressivos, como IST e anemia, bastante comuns em populações vulneráveis.

O diagnóstico, o tratamento e o acompanhamento de episódios depressivos na PSR são grandes desafios, tendo em vista a baixa adesão dessa população ao tratamento e exposição contínua a fatores de risco para o adoecimento mental. Cabe aos profissionais de saúde buscar ferramentas que possibilitem contornar tais desafios e possibilitar uma abordagem efetiva dessa patologia.

Quais estratégias podem ser utilizadas para contornar esses desafios?

a. Sensibilização e redução de estigmas.
b. Abordagem multidisciplinar.
c. Uso das práticas integrativas e complementares em saúde (PICs).
d. Implementação de grupos terapêuticos.
e. Abordagem de saúde mental baseada na comunidade.
f. Terapia cognitivo-comportamental.
g. Terapia ocupacional.

A sensibilização sobre a saúde mental das pessoas em situação de rua parte dos princípios doutrinários do SUS. É fundamental que cada paciente seja visto como um elemento único na dinâmica social, com suas particularidades e necessidades. Cabe às equipes de saúde entender o contexto no qual estão inseridos e tentar atuar de forma conjunta e pactuada para a melhoria não apenas física e psíquica, mas também social e pessoal desses indivíduos. Ademais, o combate dos estigmas contribui na ressocialização e na inserção social da PSR.

Para que se obtenha êxito no tratamento, é essencial construir redes de apoio social. Atividades e programas que incentivem o envolvimento comunitário, como grupos de suporte, atividades recreativas e programas de capacitação, podem ajudar a criar um senso de pertencimento e oferecer um suporte emocional. Também é importante, sempre que possível, envolver familiares, amigos e outros membros da comunidade no processo de tratamento.

A abordagem multidisciplinar é indispensável no manejo da depressão na PSR. Podem ser realizadas sessões individuais e em grupo, permitindo que os pacientes expressem seus sentimentos, aprendam habilidades de enfrentamento, melhorem a autoestima e estabeleçam metas realistas. Abordagens baseadas em evidências, como a terapia cognitivo-comportamental, a terapia interpessoal e a terapia comportamental dialética podem ser especialmente úteis. Além disso, a terapia ocupacional pode auxiliar no retorno a atividades e interações sociais, muitas vezes perdidas após longos períodos de exclusão e preconceito pelos quais esses pacientes podem ser expostos.

O uso de PICs pode contribuir como ferramentas adicionais no cuidado em saúde mental. Além de promover uma maior interação entre a equipe de saúde e o paciente, possuem como princípios a valorização da escuta acolhedora e a promoção global do cuidado, favorecendo assim a integralidade da atenção à saúde. Além disso, estudos demonstram que a eletroacupuntura apresenta um relevante potencial como instrumento terapêutico na depressão, possuindo efeitos equiparados à fluoxetina na redução dos sintomas depressivos.

Assim, é importante enfatizar que a abordagem da depressão na PSR é complexa e exige a participação de diversos profissionais, não sendo recomendada a centralização da terapêutica na figura do médico. Contudo, muitas vezes a prescrição de medicações e o acompanhamento do seu uso devem ser instituídos. Assim, para que exista uma correta indicação desses fármacos é importante conhecer seus principais efeitos colaterais e contraindicações, indicados no Quadro 5.

Quadro 5 Efeitos colaterais associados aos antidepressivos disponíveis no SUS

Drogas	Sonolência	Insônia ou agitação	Disfunção sexual	Ganho de peso	Hipotensão ortostática	Aumento do QTc
Sertralina	0	+2	+3	+1	+1	+1/+2
Fluoxetina	0	+2	+3	0	+1	+1
Paroxetina	+1	+1	+4	+2	+2	0/+1
Amitriptilina	+4	0	+3/+4	+4	+3	+1/+2
Nortriptilina	+2	0	-	+1	+1	+1/+2
Bupropiona	0	+2	0	0	0	+1
Venlafaxina	0	+1	+3	0/+1	0	+1/+2

Fonte: adaptado de UpToDate.

O uso de antidepressivos pela PSR deve ser cuidadoso, principalmente pela elevada incidência de uso de substâncias nessa população. Assim, cabe à equipe de saúde entender a necessidade de um plano de cuidado individualizado e pactuado com o paciente, considerando as principais opções terapêuticas.

É fundamental entender ainda que o uso de substância pode influenciar na ação de tais medicamentos, aumentando a incidência e intensidade de efeitos colaterais, como sedação, convulsões e depressão do sistema nervoso central associando antidepressivos ao álcool. Outro exemplo dessa interação é observada no uso de inibidores seletivos da recaptação de serotonina (ISRS) com cocaína, podendo gerar aumento do risco de sangramento, incluindo problemas no sistema nervoso central e hipertensão arterial.

Além disso, a presença de comorbidades psiquiátricas podem agravar a problemática, tendo em vista a necessidade da associação de outras classes de medicações como antipsicóticos, estabilizadores do humor e benzodiazepínicos.

DESFECHO DO CASO CLÍNICO

Plano

- Prescrever penicilina benzatina para tratamento de sífilis latente.
- Solicitar exames para confirmação da suspeita de tuberculose.
- Reforçar a importância de adesão ao tratamento diretamente observado e oferecer estímulos para a manutenção do esquema terapêutico.
- Abordagem multiprofissional da saúde mental.
- Manejar as queimaduras e orientar sobre os cuidados com infecção secundária.

Evolução do caso

Semanalmente Cleiton compareceu à Unidade Básica de referência para o acompanhamento da PSR, recebendo as 3 doses de penicilina benzatina. Cerca de 1 mês após o início do contato da equipe de saúde, ele aceitou participar de um grupo terapêutico para PSR organizado na mesma unidade que recebeu o tratamento para sífilis. Nesse mesmo período foi confirmado o diagnóstico de tuberculose, sendo iniciado o TDO. Atualmente Cleiton está no quarto mês de tratamento, referindo melhora dos sintomas depressivos e com ganho ponderal de 4 kg. Afirma que sonha com o dia no qual terá uma bela casa e poderá viver feliz com Telma.

REFERÊNCIAS BIBLIOGRÁFICAS

1. Oigman W. Métodos de avaliação da adesão ao tratamento anti-hipertensivo. Rev Bras Hipertens. 2006;13(1):30-4.
2. Dalla MDB, Stein AT, Castro Filho ED, Lopes AC, Melo NR, Virmond MCL. Aderência a tratamento medicamentoso. Projeto diretrizes: Associação Médica Brasileira e Conselho Federal de Medicina. 2009. Disponível em: https://amb.org.br/files/_BibliotecaAntiga/aderencia-a-tratamento-medicamentoso.pdf. Acesso em: mar. de 2025.
3. Atreja A, Bellam N, Levy SR. Strategies to enhance patient adherence: making it simple. MedGenMed. 2005;7(1):4.
4. Mourão-Júnior CA, Souza AB de. Adesão ao uso de medicamentos: algumas considerações. Estudos Interdisciplinares em Psicologia. 2010;1(96):107.
5. Tavares NUL, Bertoldi AD, Mengue SS, Arrais PSD, Luiza VL, Oliveira MA, et al. Factors associated with low adherence to medicine treatment for chronic diseases in Brazil. Rev Saúde Pública. 2016;50:10s.
6. Trauthman SC, Biudes MF, Mello AF, Rosa FS, Peters CA, Galato D. Métodos de avaliação da adesão farmacoterapêutica adotados no Brasil. Infarma Cienc Farm. 2014;26(1):11.
7. Manzato AVS, Oliveira LG, Dias EA, Costa ECT, Jesus G de, Medeiros KP. Grupos com pessoas em situação de rua: um trabalho voltado à usuários do centro pop da cidade de Maringá, no Paraná. Psicologia, Políticas públicas e desafios em tempos sombrios. 2018. Disponível em: https://npd.uem.br/eventos/assets/uploads/files/evt/6/trabalhos/6_537_1523828686.pdf. Acesso em: mar. de 2025.
8. Silva GG, Pinto MR, Machineski GG. Percepção dos familiares de usuários de substâncias psicoativas em relação ao tratamento em comunidade terapêutica. Cogitare Enferm. 2013;18(3).
9. Salgado RR, Fuentes-Rojas M. População em situação de rua e saúde mental. Serv Soc Saude. 2018;17(2):250-65.
10. Moraes DJ, Macêdo CMV de. Caminhos da autonomia: grupo reflexivo com ex-moradores de rua. Psicol cienc prof. 2020;40:e192519.
11. Santos AM, Guimarães SS. Pessoas em situação de rua e o fator pandemia. (Des)troços. 2021;1(1):10-23.
12. Hunter CE, Palepu A, Farrell S, Gogosis E, O'Brien K, Hwang SW. Barriers to Prescription Medication Adherence Among Homeless and Vulnerably Housed Adults in Three Canadian Cities. J Prim Care Amp Community Health. 2014;6(3):154-61.
13. São Paulo (SP). Orientações sobre o Tratamento Diretamente Observado (TDO). São Paulo: Prefeitura Municipal de São Paulo; 2022. Disponível em: https://www.prefeitura.sp.gov.br/cidade/secretarias/upload/saude/nota_informativa_PMCT_11_22_Orientacoes_sobre_TDO.pdf. Acesso em: mar. de 2025.
14. Arbex MA, Varella MCL, Siqueira HR, Mello AF. Antituberculosis drugs: Drug interactions, adverse effects, and use in special situations. Part 2: Second line drugs. J Bras Pneumol. 2010;36(5):641-656.

15. Hino P, Almeida IB, Monroe AA, Bertolozzi MR, Taminato M, Fornari LF, Rosa AD. Percepção de pessoas em situação de rua sobre o tratamento da tuberculose. Medicina (Ribeirao Preto). 2022;55(4).
16. Gioseffi JR, Batista R, Brignol SM. Tuberculosis, vulnerabilities, and HIV in homeless persons: a systematic review. Rev Saúde Pública. 2022;56:43. A
17. Scholze AR, Alves JD, Berra TZ, Ramos ACV, Pieri FM, Pillon SC, et al. Tuberculosis among People Living on the Street and Using Alcohol, Tobacco, and Illegal Drugs: Analysis of Territories in Extreme Vulnerability and Trends in Southern Brazil. Int J Environ Res Public Health. 2022;19(13):7721.
18. Ministério da Saúde. Manual nacional de vigilância laboratorial da tuberculose e outras micobactérias. Brasília: Ministério da Saúde; 2008. 458p.
19. Hino P, Yamamoto TT, Bastos SH, Beraldo AA, Figueiredo TMRM, Bertolozzi MR. Tuberculosis in the street population: a systematic review. Rev esc enferm USP. 2021;55:e03688.
20. Ministério da Saúde. Manual de recomendações para o diagnóstico laboratorial de tuberculose e micobactérias não tuberculosas de interesse em saúde pública no Brasil. Brasília: Ministério da Saúde; 2022. 494p.
21. Ministério da Saúde. Síntese de evidências para políticas de saúde: adesão ao tratamento de tuberculose pela população em situação de rua. Brasília: Ministério da Saúde; 2016. 51p.
22. Vieira DEO, Gomes M. Efeitos adversos no tratamento da tuberculose: experiência em serviço ambulatorial de um hospital-escola na cidade de São Paulo. J bras pneumol. 2008Dec;34(12):1049-55.
23. Bruxel CL, Possamai LM, Pires FKS, Silva JB. Manejo clínico do paciente queimado. 2018;1:5. Disponível em: https://docs.bvsalud.org/biblioref/2018/02/879480/manejo-clinico-do-paciente-queimado.pdf. Acesso em: mar. de 2025.
24. Lopes DC, Ferreira ILG, Adorno J. Manual de queimaduras para estudantes. Brasília: Sociedade Brasileira de Queimaduras, 2021, 178p.
25. Universidade Federal do Rio Grande do Sul. TeleCondutas: Sífilis; Universidade Federal do Rio Grande do Sul. 3. ed. Porto Alegre: 2023. Disponível em: https://www.ufrgs.br/telessauders/documentos/telecondutas/tc_sifilis.pdf. Acesso em: mar. de 2025.
26. Raoult D, Foucault C, Brouqui P. Infections in the homeless. Lancet Infect Dis. 2001;1(2):77-84.
27. Ministério da Saúde. Protocolo Clínico e Diretrizes Terapêuticas para Atenção Integral às Pessoas com Infecções Sexualmente Transmissíveis. Brasília: Ministério da Saúde; 2022. 215p.
28. Medeiros D, Aires Pereira L, Romão dos Santos J, De Brito Figueiredo M, Rodrigues Feitoza A, Cavalcante Paiva M. Quando o cuidado encontra a rua: experiências de enfrentamento à sífilis com a população em situação de rua. Rev Bras Inovacao Tecnol Em Saude. 2021;10(4):10.
29. Conselho Regional de Enfermagem de São Paulo. Parecer COREN-SP Nº 014/2020. Atendimento de enfermagem em locais de vulnerabilidade e risco (Consultório na Rua); 2020;12.
30. Pinto VM, Tancredi MV, Alencar HDRD, Camolesi E, Holcman MM, Grecco JP, et al. Prevalence of Syphilis and associated factors in homeless people of São Paulo, Brazil, using a Rapid Test. Rev bras epidemiol. 2014;17(2):341-54.
31. Diniz MFM, Pereira GAS, Barreto RC, Vasconcelos LCS, Veloso DJ, Cunha P, et al. Principais drogas com as possíveis interações medicamentosas prescritas na clínica odontológica. RBCS. 2010;13(1):66-70.
32. Mayo Clinic. Antidepressants and alcohol: What's the concern? Estados Unidos: Mayo Clinic; 2024. Disponível em: https://www.mayoclinic.org/diseases-conditions/depression/expert-answers/antidepressants-and-alcohol/faq-20058231#. Acesso em: mar. de 2025.
33. Best Practice. Drug interactions with antidepressants. Estados Unidos: Best Practice; 2024. Disponível em: https://bpac.org.nz/BPJ/2007/March/interactions.aspx. Acesso em: mar. de 2025.

34. Drugs.com. Antidepressants and alcohol interactions. Estados Unidos: drugs.com; 2024. Disponível em: https://www.drugs.com/article/antidepressant-medications-alcohol.html. Acesso em: mar. de 2025.
35. Low Y, Setia S, Lima G. Drug-drug interactions involving antidepressants: focus on desvenlafaxine. Neuropsychiatr Dis Treat. 2018;14:567-580.
36. Hird R, Radhakrishnan R, Tsai J. A systematic review of approaches to improve medication adherence in homeless adults with psychiatric disorders. Front Psychiatry. 2024;14:1339801.
37. Ayano G, Belete A, Duko B, Tsegay L, Dachew BA. Systematic review and meta-analysis of the prevalence of depressive symptoms, dysthymia and major depressive disorders among homeless people. BMJ Open. 2021;11(2):e040061.
38. Murray RM, Conroy E, Connolly M, Stokes D, Frazer K, Kroll T. Scoping review: suicide specific intervention programmes for people experiencing homelessness. Int J Environ Res Public Health. 2021;18(13):6729.
39. Carvalho JLS, Nóbrega MPSS. Práticas integrativas e complementares como recurso de saúde mental na Atenção Básica. Rev Gaúcha Enferm. 2017;38(4):e2017-0014.
40. Sun H, Zhao H, Ma C, Bao F, Zhang J, Wang DH, Zhang YX, He W. Effects of electroacupuncture on depression and the production of glial cell line-derived neurotrophic factor compared with fluoxetine: a randomized controlled pilot study. J Altern Complement Med. 2013;19(9):7 33-9.

Capítulo **10**

O cuidado em saúde e violência

Lucas Oliveira Sibellino
Lorena Passos Queiroga
Maria Clara Porto Caminha de Castro e Alencar
Melyssa Maria Fernandes da Rocha Nunes
Lucas Eliel Beserra Moura

CASO CLÍNICO

Em uma praça no centro de uma grande cidade vive um rapaz jovem, negro, ansioso e reativo. Encontra-se em um colchão rasgado imerso entre papelões, sacolas plásticas e uma manta doada pela irmã da igreja que fica próxima à praça. Além da roupa do corpo, possui apenas algumas poucas camisas, uma calça rasgada e uma bermuda. Após alguns dias de intensa dor ao engolir, com muita ressalva em procurar ajuda de um médico, foi convencido por alguns estudantes de medicina que faziam ações voluntárias na praça a comparecer ao posto de saúde mais próximo para avaliação.

Subjetivo

José, sexo masculino, 20 anos, relata que morava em uma comunidade de Fortaleza - CE com sua mãe e seus irmãos mais novos, mas devido a conflitos com a mãe, que é etilista e a morte precoce do pai, iniciou o uso de drogas ilícitas e está em situação de rua há quatro anos. Mora em uma praça localizada em um bairro nobre da cidade. José convive com diversos episódios de agressão física e violência verbal devido a dívidas com traficantes. Atualmente, tem amizade com Cleiton, Telma e outro amigo cujo nome não mencionou, mas que afirma ser a má influência do grupo, o que mais faz uso de bebidas alcoólicas e incita o uso de drogas. Conta que nos últimos seis meses tem sido comum sentir insônia, pensamento acelerado, angústia associada a palpitações e tremores. Nega tentativas de suicídio ou qualquer planejamento. Nega delírios e alucinações. Afirma ter saudades da mãe, apesar dos conflitos, e do irmão mais novo, mas o contato é raro. Relata que o pai morreu quando tinha 11 anos, vítima de um acidente de carro. A mãe trabalha atualmente como doméstica. Refere que abandonou os estudos, pois se rendeu às drogas.

Durante a consulta, queixa-se de odinofagia intensa associada a cefaleia, rinorreia e sensação febril não aferida há uma semana. Nega tosse, hiperemia conjuntival ou desconforto respiratório. Refere contato próximo e prolongado com pessoas que tossem cronicamente e possuem episódios frequentes de febre.

Afirma que faz uso de substâncias psicoativas, principalmente maconha e crack, além de ingerir álcool ocasionalmente. Tabagista com carga tabágica de 6 maços-ano.

Mesmo após a conversa, o paciente se mostrava bastante relutante em realizar tratamentos medicamentosos e afirmava que não havia ido à unidade de saúde, pois tinha medo de que os traficantes a quem devia o encontrassem e o agredissem.

Objetivo

Exame físico realizado no consultório da Unidade Básica de Saúde para a qual foi encaminhado.

Bom estado geral, eupneico, acianótico, anictérico, febril, semblante entristecido e emagrecido. PA: 135/90 mmHg, FC: 91 bpm, SpO_2: 96% AA, T: 38,1 °C.

Oroscopia: hiperemia acentuada de mucosa, placas esbranquiçadas e exsudato amigdaliano bilateral.

Linfonodomegalia dolorosa em região cervical anterior e dor ao deglutir.

Ausculta pulmonar: murmúrios vesiculares universalmente presentes, sem ruídos adventícios.

Ausculta cardíaca: rítmica e normofonética, sem sopros ou bulhas acessórias.

Abdome: plano, flácido, indolor à palpação superficial e profunda, sem visceromegalias aparentes.

Genitália sem alterações.

Realizados testes rápidos para HIV, hepatite B e C, negativos. Aguardando resultado da prova tuberculínica.

Avaliação

Lista de problemas:

- Vulnerabilidade social.
- Vítima de violência.
- Insuficiência familiar.
- Exposição a tossidores crônicos.
- Transtorno ansioso.
- Faringite.
- Uso de substâncias psicoativas.
- Barreira social para acesso à UAPS.

Genograma familiar

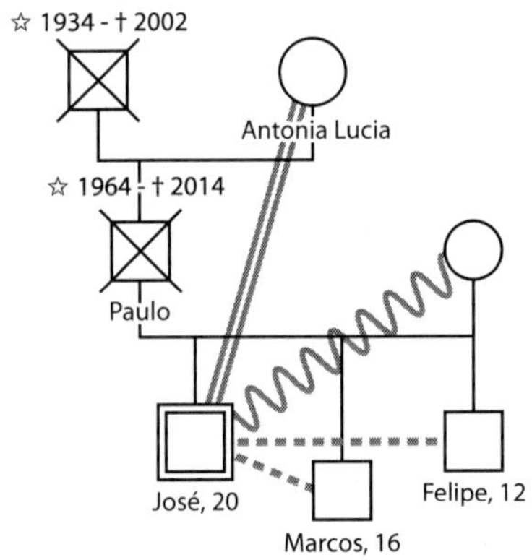

Figura 1 Genograma familiar apresentado no caso clínico.

Ecomapa

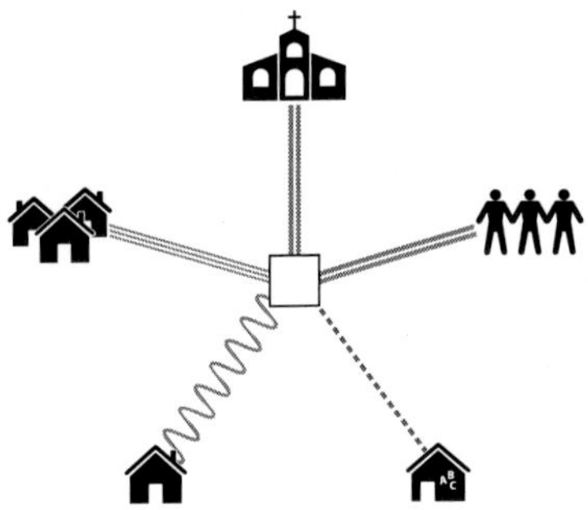

- Relacionamento conflituoso com a mãe, representada pela casa.
- Relacionamento próximo com alguns amigos, principalmente Cleiton, Telma e outro.
- Relacionamento estreito com o bairro em que "mora", a rua e seus outros moradores.
- Relacionamento próximo com a igreja a qual frequentava quando criança com o pai, atualmente de forma esporádica com a avó.
- Relacionamento distante com a escola em que estudou, não possuindo contato com mais ninguém.

Figura 2 Ecomapa referente ao caso clínico.

Discussão do caso

Pessoas em situação de vulnerabilidade estão mais expostas a danos à saúde devido a aspectos individuais, coletivos e contextuais. Tal vulnerabilidade contribui sobremaneira para os diversos problemas enfrentados pelas pessoas em situação de rua (PSR), muitas vezes em contexto de abandono social[1].

Estão potencialmente propensos ao desenvolvimento de infecções, dentro de um contexto de alimentação insatisfatória, barreiras de acesso aos serviços de saúde e saneamento básico, além de moradia insuficiente, associada a aglomerações, tornando-os mais suscetíveis a doenças transmissíveis[1].

No caso apresentado, José possui contato prolongado com pessoas com tosse crônica e febre, as quais, posteriormente, foram diagnosticadas com tuberculose (TB) pulmonar ativa. Uma vez que José não apresenta sintomas sugestivos, enquadra-se inicialmente na investigação de contactantes de TB, a fim de afastar infecção latente por *Mycobacterium tuberculosis* (ILTB).

Outra face do adoecimento do paciente em questão é o quadro de saúde mental, percebido quando são relatados episódios de ansiedade, que podem ser acentuados ou até causados pelo contexto de violência psicológica e física que vivencia na rua.

Destaca-se ainda a insuficiência familiar do paciente, diante do afastamento de sua mãe e do falecimento do pai, o que favorece a procura para alívio de seu sofrimento de substâncias psicoativas com prejuízos à saúde do indivíduo e à sua socialização.

Diante disso, o método clínico centrado na pessoa é essencial para realizar o atendimento integral da PSR, de forma a abordar os diversos aspectos relacionados ao contexto de saúde-doença[2].

O paciente em questão possui um quadro de odinofagia e febre a esclarecer, sendo o motivo inicial pela busca de atendimento à saúde. Porém, a partir da avaliação centrada na pessoa, são identificados outros aspectos que demandam cuidado.

Faringoamigdalite

A faringoamigdalite pode ser causada por vírus (mais frequentemente em crianças), por bactérias (mais comum entre jovens e adultos) ou pela associação dos dois agentes. Essa infecção é transmitida por gotículas expelidas ao tossir, espirrar ou beijar, mas também está muito relacionada ao compartilhamento de objetos pessoais (fômites), itens de higiene e utensílios como copos, garfos e pratos, o que pode ser bem frequente para pessoas que vivem em situação de rua[3].

Nesse caso específico, o jovem paciente, que está em extrema vulnerabilidade social, apresenta quadro clínico compatível com uma faringoamigdalite bacteriana. A faringoamigdalite bacteriana é uma infecção comum, causada principalmente pelo *Streptococcus pyogenes* (*Streptococcus* do grupo A)[3].

Odinofagia, febre alta (até 40 °C), mal-estar e linfadenopatia são sintomas pouco específicos para infecções bacterianas, mas, ao mesmo tempo, são comuns na faringoamigdalite causada por esse tipo de microrganismo. Rinorreia, tosse e conjuntivite, que estão mais relacionados a infecções virais, podem estar ausentes em quadros bacterianos. Alguns pacientes ainda podem apresentar anorexia e astenia. Outros, principalmente crianças, podem até cursar com sintomas gastrointestinais, como dor abdominal, náuseas e vômitos[4].

Diante do exame da orofaringe, o profissional deve ficar em frente ao paciente, solicitar que abra a boca e que mantenha a língua para dentro. Colocar o abaixador de língua no terço médio para evitar o reflexo nauseoso. As tonsilas são avaliadas quanto ao tamanho, simetria, presença de exsudatos, ulcerações ou tumores e à presença de abscesso periamigdaliano. Nas crianças, o exsudato purulento pode não estar presente. Nos menores de 3 anos, o quadro pode se apresentar de forma atípica, como descarga nasal mucopurulenta e adenopatia generalizada ao invés de localizada.

Outro achado importante do exame físico é a adenopatia cervical, principalmente anterior ou submandibular dolorosa[4].

Outras causas possíveis para o quadro de José podem ser faringites virais (comumente causadas por adenovírus, influenza vírus, herpes simples 1 e 2, dentre outros), difteria, mononucleose infecciosa (vírus Epstein-Barr), faringites causadas por *Mycoplasma pneumoniae* e *Neisseria* sp. Mais raramente, a angina de Plaut-Vincent (causada por anaeróbios) pode estar relacionada a quadro semelhante[3].

Para quantificar a probabilidade de o paciente portar uma faringoamigdalite estreptocócica, e para guiar a necessidade de antibioticoterapia, existe a ferramenta criada por Centor e McIsaac[5] (Quadro 1).

Quadro 1 Critérios de Centor e McIsaac

Critério	Variável	Ponto
Centor	Febre > 38 °C	+1
	Ausência de tosse	+1
	Adenopatia cervical anterior	+1
	Exsudato ou edema amigdaliano	+1
McIsaac	Idade: 3-14 anos	+1
	Idade: 15-44 anos	0
	Idade: ≥ 45 anos	-1
Probabilidade de faringite por *Streptococcus* do grupo A: ≤ 0 ponto: 1-2,5%; 1 ponto: 5-10%; 2 pontos: 11-17%; 3 pontos: 28-35%; ≥ 4 pontos: 51-53%		

Fonte: adaptado de Centor, McIsaac. Critérios de probabilidade de faringites estreptocócicas; 1998.

Necessidade de exames complementares e periodicidade

Em caso de suspeita de faringoamigdalite bacteriana, o diagnóstico da infecção pelo *S. pyogenes* pode ser confirmado por meio do teste rápido para estreptococo, tendo especificidade de 95%, aproximadamente, e cultura de secreção de orofaringe (padrão-ouro, com sensibilidade de 90-95%). Segundo o CDC (Center for Disease Control and Prevention), qualquer paciente que apresentar pelo menos dois critérios do Escore de Centor deve ser testado. Contudo, diante da realidade do país e da vulnerabilidade dos pacientes, esse teste é pouco realizado. Dessa forma, o diagnóstico é preferencialmente clínico[6].

Tratamento

A finalidade do tratamento da faringoamigdalite bacteriana estreptocócica é a erradicação do microrganismo, alívio dos sintomas, da gravidade e da duração dos sintomas, além de evitar complicações da doença. A primeira opção de tratamento e o mais adequado para o caso de pessoas em situação de rua é a antibioticoterapia injetável, sendo a primeira escolha a penicilina G benzatina intramuscular em dose única, disponível no SUS em qualquer UBS[7].

Não se deve perder a oportunidade de tratar de maneira rápida e eficaz esses pacientes, pois o acesso a eles é desafiador, além de que terapias orais com vários dias de tratamento dificultam mais ainda a adesão à antibioticoterapia[7].

Como segunda opção, pode-se usar a penicilina V oral, 250 mg, de 6/6 horas ou 500 mg, de 12/12 horas por 10 dias. Outras opções também encontradas mais facilmente em UBS são a amoxicilina, cefalosporinas de 1º geração (cefalexina) e macrolídeos, como a azitromicina. É sempre importante pesquisar história de alergias a tais medicamentos[7]. O Quadro 2 indica opções de tratamento para a faringite estreptocócica.

Quadro 2 Opções de tratamento para a faringite estreptocócica

Antibiótico de escolha (dose única)	Antibiótico alternativo (durante 7 a 10 dias)	Alérgicos à penicilina
Penicilina G benzatina Adultos e crianças > 27 kg, 1.200.000 UI, IM, em dose única Crianças < 27 kg, 600.000 UI, IM, em dose única	**Penicilina V** Adultos: 500 mg, VO, 2-3x/dia Crianças: 250 mg, VO, 2-3x/dia	**Cefalexina** 20 mg/kg/dose, VO, 2x/dia (máx. 500 mg) por 5 a 7 dias **Cefadroxila** 30 mg/kg, VO, 1x/dia (máx 1 g) por 5 a 7 dias **Azitromicina** 12 mg/kg, VO, 1x/dia no 1º dia e 6 mg/kg/dia do 2º ao 5º dia
	Amoxicilina 50 mg/kg/dia, VO, 3x/dia **Amoxicilina + clavulanato** 30-40 mg/kg/dia, VO, 3x/dia	**Clindamicina** 20 mg/kg/dia, VO, divididos em 3 doses (máx 1,8 g/dia) por 5 a 7 dias **Claritromicina** 15 mg/kg/dia, VO, divididos em 2 doses (máx 250 mg/dose) por 5 a 7 dias

Fonte: adaptado de *101 desafios em antibióticos & outros antimicrobianos*, 2019.

Complicações

As complicações das faringoamigdalites podem ser evitadas caso o diagnóstico seja precoce. Elas podem ser classificadas como supurativas ou não supurativas. Os abscessos de tonsila faríngea, periamigdaliano e retrofaríngeo são exemplos das complicações supurativas, assim como as sinusites, otite média e meningite. Dentre as complicações não supurativas, pode-se citar a febre reumática, a glomerulonefrite pós-estreptocócica, a escarlatina e a síndrome do choque tóxico.

É importante que o diagnóstico e o tratamento da faringoamigdalite estreptocócica sejam feitos de forma precoce, principalmente em populações de rua, devido ao alto grau de vulnerabilidade social e ao risco aumentado para situações de aglomeração e proliferação das cepas que geram complicações mais sérias. A prevenção, nesse caso, possui dois objetivos principais: o primeiro é diminuir a duração dos sintomas e prevenir complicações supurativas que possam causar mais morbidade ao quadro; o segundo é evitar que cepas potencialmente geradoras de complicações perigosas continuem circulando na população[4].

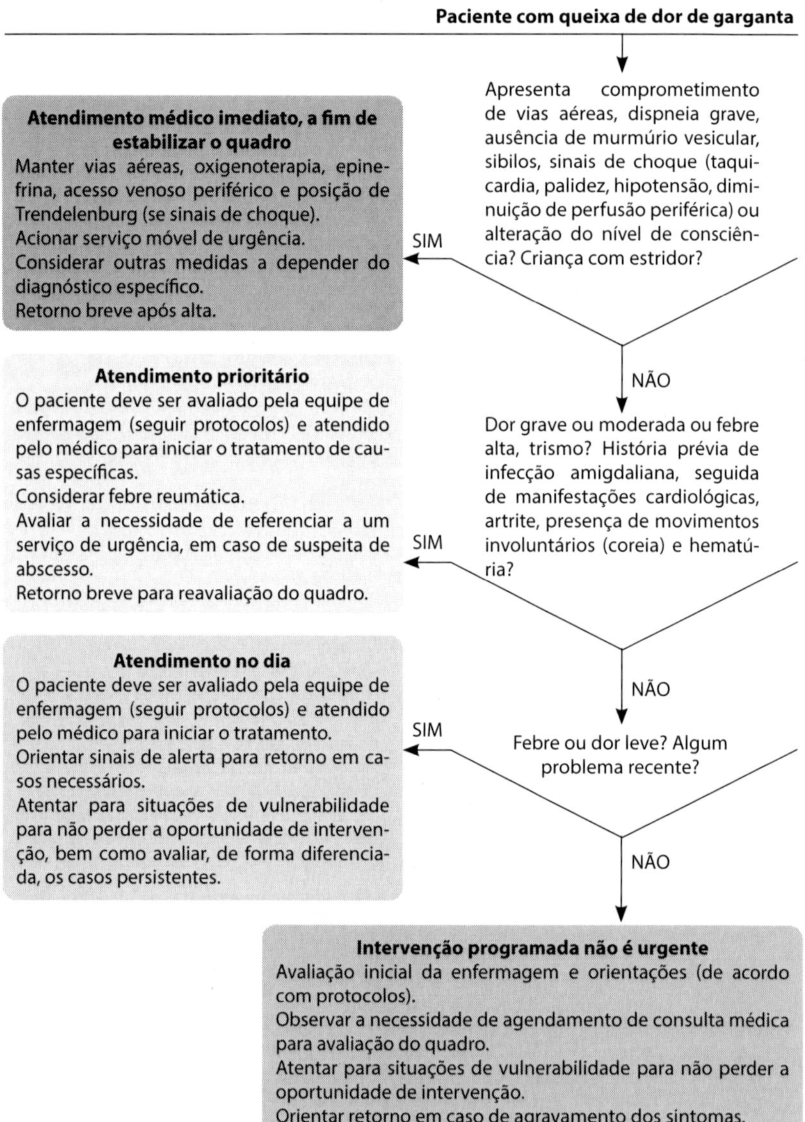

Figura 3 Fluxograma para abordagem do paciente com odinofagia.

Fonte: Ministério da saúde. Secretaria de atenção à Saúde. Departamento de Atenção Básica, 2011.

Infecção latente da tuberculose

A TB é definida como uma doença infecciosa causada por micobactérias do complexo *Mycobacterium tuberculosis*, que inclui a *M. tuberculosis*, responsável pelo maior número de casos em humanos. O principal acometimento é a forma ativa pulmonar, mas também é possível encontrar a TB em outros tecidos e órgãos, como pleura, laringe, intestino, cérebro, dentre outros. Além disso, não raramente, o bacilo de Koch pode encontrar-se no organismo em sua forma inativa e parcialmente controlada pelo sistema imunológico. Tal manifestação é intitulada infecção latente da tuberculose (ILTB)[8].

Essa patologia está intimamente relacionada às pessoas em situação de rua (PSR) por ser um importante grupo de risco devido à extrema exclusão social, dificuldade de acesso aos serviços de saúde e péssimas condições de higiene, moradia e saneamento básico. Essa população tem mais chances de contrair doenças infecciosas do que outros grupos, além de ter maior incidência de comorbidades do que a população geral[9,10].

Estima-se que um terço da população mundial seja portadora da infecção latente pelo bacilo de Koch no mundo. No Brasil, a TB é um problema de saúde pública, sendo o país com a maior taxa de detecção entre as 30 nações de alta carga para a doença no mundo[11].

Diagnóstico de ILTB na PSR

É considerado caso de ILTB o indivíduo infectado por *M. tuberculosis* identificado por prova tuberculínica (PT) ou por ensaio de liberação do interferon-gama (IGRA), desde que descartada TB ativa (por anamnese, exame físico, vínculos epidemiológicos, exames bacteriológicos, achados radiológicos e/ou outros exames complementares)[12].

Indicação de investigação para ILTB

- Contatos nos últimos dois anos com adultos e crianças de TB pulmonar ou laríngea.
- Indivíduo vivendo com HIV (PVHIV) com LT CD4+ $\geq$ 350 células/mm^3.
- Aqueles em uso de inibidores de TNF-alfa ou corticoides (equivalente a > 15 mg/dia de prednisona por mais de 1 mês).

- Alterações radiológicas fibróticas sugestivas de sequela de TB.
- Pacientes pré-transplantes que farão terapia imunossupressora.
- Silicose.
- Neoplasia de cabeça e pescoço, linfomas e outras neoplasias hematológicas.
- Neoplasias em terapia imunossupressora.
- Insuficiência renal em diálise.
- Diabetes *mellitus*.
- Baixo peso (< 85% do peso ideal).
- Tabagistas (≥ 1 maço por dia).
- Pacientes que apresentam calcificação isolada (sem fibrose) na radiografia de tórax.
- Profissionais de saúde, pessoas que vivem ou trabalham no sistema prisional ou em instituições de longa permanência[12].

A prova tuberculínica (PT) é usada no diagnóstico de ILTB e é feita com a inoculação intradérmica de um derivado proteico purificado do *M. tuberculosis*, a fim de avaliar a resposta imune celular a esses antígenos. Não se utiliza PT como método auxiliar no diagnóstico de TB ativa pulmonar ou extrapulmonar no adulto. Indivíduos com PT anteriormente documentada e resultado ≥ 5 mm não devem ser retestados, mesmo diante de nova exposição ao bacilo[13].

A especificidade da PT é alta (97%), principalmente se a BCG tiver sido aplicada no primeiro ano de vida. Reações falso-positivas (indivíduos com PT positiva e sem ILTB) podem ocorrer em indivíduos infectados por outras micobactérias ou vacinados com a BCG, principalmente se vacinados (ou revacinados) após o primeiro ano de vida, quando a BCG produz reações maiores e mais duradouras[12].

Os ensaios baseados na liberação do interferon-gama (*Interferon-Gamma Release Assays* – IGRA) consistem em alternativa diagnóstica para detecção de ILTB. Fundamentam-se no conceito de que as células anteriormente sensibilizadas com os antígenos da TB produzem altos níveis de interferon-gama[12].

Manejo do tratamento

Existem alguns critérios para iniciar o tratamento de ILTB, levando em consideração a realização ou não de PT ou IGRA.

- Trata-se mesmo sem PT e sem IGRA: recém-nascidos coabitantes de caso fonte de TB pulmonar ou laríngea confirmado por critério laboratorial, PVHIV contatos de TB pulmonar ou laríngea com confirmação laboratorial; ou com contagem de LT-CD4+ ≥ 350 células/mm³; ou com registro documental de ter tido PT > 5 mm ou IGRA+ e não submetido ao tratamento ou com radiografia de tórax com cicatriz radiológica de TB, sem tratamento anterior para TB.
- Se PT > 5 mm ou IGRA+: contatos de TB pulmonar ou laríngea, independentemente da vacinação prévia com BCG; PVHIV com CD4+ > 350 células/mm³; alterações radiológicas fibróticas sugestivas de sequela de TB; uso de inibidores do TNF-alfa; uso de corticoides (> 15 mg/dia de prednisona por mais de 1 mês); pré-transplante com uso posterior de imunossupressor.
- PT ≥ 10 mm ou IGRA+: silicose, neoplasia de cabeça e pescoço, linfomas ou outras neoplasias hematológicas, DRC em diálise, DM2, baixo peso (< 85% do peso ideal); tabagistas (> 20 cigarros/dia) e calcificação isolada na radiografia.
- Conversão (2ª PT com incremento de 10 mm em relação à primeira PT): contatos de TB confirmado por critério laboratorial; profissional de saúde; profissional de laboratório de micobactéria; trabalhador do sistema prisional e de instituições de longa permanência[12].

O tratamento da ILTB com isoniazida diminui em 60-90% o risco de adoecimento pela forma ativa. Em 2020, o Ministério da Saúde incorporou o tratamento duplo com isoniazida e rifapentina por 3 meses como esquema terapêutico alternativo[13].

A isoniazida (H) é a medicação preferencial para tratamento da ILTB. Em hepatopatas, crianças (< 10 anos), pessoas maiores de 50 anos, e no caso de intolerância ou resistência à isoniazida, deve-se dar prioridade ao regime com rifampicina. A associação de isoniazida com rifapentina, por 3 meses, introduzida pelo SUS mais recentemente, consiste em uma alternativa com resultados e evidências favoráveis à substituição às monoterapias[13].

Recomendam-se 270 doses da isoniazida, as quais poderão ser tomadas de 9 a 12 meses. Considerar a utilização de 180 doses, que deverão ser tomadas entre 6-9 meses em casos individuais, após avaliação da adesão[14]. A Tabela 1 indica os esquemas recomendados e a dosagem dos fármacos do tratamento para a tuberculose latente.

Tabela 1 Esquemas recomendados e dosagem dos fármacos do tratamento de tuberculose latente

Esquema	Dose	Eventos adversos
Isoniazida isoladamente por 6 ou 9 meses	Adultos: 5 mg/kg (máx. 300 mg) por dia Crianças: 10 mg/kg/dia	Lesão hepática induzida por fármaco, náuseas, vômitos, dor abdominal, erupção cutânea, neuropatia periférica, tontura, sonolência, convulsões
Rifampicina isoladamente por 3-4 meses	Adultos: 10 mg/kg/dia Crianças: 10 mg/kg (máx.: < 45 kg, 450 mg; > 45 kg, 600 mg) por dia	Síndrome gripal, erupção cutânea, lesão hepática induzida por fármacos, anorexia, náuseas, dor abdominal, neutropenia, trombocitopenia, reações renais (p. ex., necrose tubular aguda e nefrite intersticial)
Isoniazida mais rifampicina por 3-4 meses	Como acima	Como acima
Rifapentina mais isoniazida por 3 meses	Adultos e crianças: Isoniazida: 15 mg/kg (900 mg) semanalmente Rifapentina: 15-30 mg/kg (900 mg) semanalmente	Reações de hipersensibilidade, exantema petequial, lesão hepática induzida por fármacos, anorexia, náuseas, dor abdominal Reações de hipotensão

Fonte: Medicina Interna de Harrison (2024).

Vale lembrar que opções com menor quantidade de comprimidos e por menor tempo possível são melhores escolhas, em geral, no tratamento da PSR com ILTB, tendo em vista a maior dificuldade de adesão a tratamentos prolongados. Dessa forma, a opção com rifapentina e isoniazida por 3 meses, com posologia semanal, mostra-se promissora no tratamento adequado desses pacientes.

Transtorno de ansiedade generalizada

Os pacientes com transtorno de ansiedade generalizada (TAG) tendem a apresentar excesso de preocupação com relação a assuntos diversos, o que interfere diretamente em sua qualidade de vida. Os principais sintomas são de natureza física ou psicológica, como preocupação/ansiedade desproporcionais e de difícil controle. A patologia tem caráter crônico e normalmente causa sofrimento ao paciente[15].

Não há uma teoria única que explique a sintomatologia global do transtorno. Podem estar associados fatores biológicos (genéticos), temperamentais, ambientais (incluindo o uso de ferramentas digitais), cognição, transtornos relacionados ao sono e o uso de substâncias psicoativas[15].

A prevalência anual do TAG no mundo pode variar entre 0,2% e 5%, sendo até duas vezes mais comum em mulheres do que em homens[15].

Diagnóstico

A principal característica do TAG é a preocupação que persiste, de forma excessiva e de difícil controle, em situações variadas. Os pacientes podem ter dificuldade de manejar o estresse e as dificuldades e, muitas vezes, a preocupação antecede de fato o problema[16]

Além disso, pelo menos três sintomas adicionais devem estar presentes, dentre eles: fadiga, tensão muscular, irritabilidade, alterações do sono, inquietação e dificuldade de concentração. Cefaleia, tremores, sintomas gastrointestinais, dificuldade para relaxar e queixas relacionadas à memória também podem estar presentes[16].

O tempo é critério para realizar o diagnóstico. O paciente deve apresentar tais sintomas por pelo menos 6 meses. Embora o quadro possa se iniciar a qualquer idade, há picos de incidência na fase adulta (tanto nos mais jovens como nos mais velhos)[15].

A abordagem diagnóstica inclui anamnese, exame psíquico e exclusão de causas orgânicas por meio de exames complementares, como hemograma, função tireoidiana e eletrólitos[15].

Opções terapêuticas

O foco do tratamento é primariamente não farmacológico, por meio de psicoterapia e da inserção de atividade física e lazer na vida do paciente. A terapia cognitivo-comportamental (TCC) é a primeira linha de tratamento[16].

Quando não houver possibilidade de manter apenas medidas não farmacológicas, associa-se o uso de fármacos, dando-se preferência inicialmente aos que atuam sobre a serotonina, os ISRSs (inibidores seletivos da recaptação de serotonina) e os ISRNs (inibidores seletivos da recaptação de serotonina e noradrenalina).

A decisão sobre o fármaco deve levar em consideração efeitos colaterais, interações medicamentosas e história de uso de outras medicações[16].

Os benzodiazepínicos devem ser concomitantes ao uso de outro fármaco e não devem ser usados em monoterapia devido ao seu potencial de abuso, dependência e efeitos colaterais. Tendo em vista que parte da população em situação de rua pode já estar exposta a outros tipos de vícios, não se torna uma opção interessante de tratamento a longo prazo[15].

Entram, como outras opções de tratamento, fármacos considerados de segunda linha, como buspirona, pregabalina associada a outros fármacos serotoninérgicos, antipsicóticos atípicos, como quetiapina e mirtazapina, e antidepressivos tricíclicos, observando-se nesses últimos mais efeitos colaterais[17].

Na atenção primária à saúde, é muito importante avaliar o uso nocivo ou abusivo do álcool e outras substâncias psicoativas (SPA), o risco de suicídio e a presença de transtornos de humor, principalmente o transtorno bipolar. Além disso, é imprescindível abordar questões psicossociais e entender as preocupações do paciente, construindo um plano de enfrentamento do problema. Grupos psicoeducativos e atividades de autoajuda são opções viáveis para tornar a adesão desses pacientes mais atrativa[18].

O tratamento, em geral, não deve durar menos de 6 meses e é necessário dar encaminhamento a pacientes que necessitem de psicoterapia estruturada ou que não respondam ao tratamento farmacológico inicial após ajustes[17]. O Quadro 3 traz as opções medicamentosas disponíveis para o tratamento de TAG no SUS.

Quadro 3 Medicações disponíveis para o tratamento de TAG no SUS conforme Relação Nacional de Medicamentos Essenciais (RENAME)

ISRSs	Tricíclicos	Gabapentinoides
Fluoxetina 20 mg	Amitriptilina 25 mg Nortriptilina 25 mg	Gabapentina 300 mg

Fonte: elaborado pelo autor, baseado no RENAME 2024.

Observação: pode haver mais opções de fármacos conforme a Relação Municipal de Medicamentos (REMUME).

DESFECHO DO CASO CLÍNICO

Plano

- Tratamento da infecção aguda faringoamigdaliana com penicilina benzatina.
- Tratamento da ILTB com 12 doses semanais de isoniazida + rifapentina por 3 meses.

- Acolhimento e reforço do vínculo para início de tratamento psicoterápico na UBS e tratamento medicamentoso para TAG. Convocar rede de apoio (amigos e familiares mais próximos).
- Prescrito sertralina 50 mg/dia, disponível nas farmácias-polo do município, iniciando com metade da dose nos primeiros 10 dias, a fim de evitar possíveis efeitos adversos. Além disso, é orientado que a medicação pode levar cerca de 15 dias a um mês para iniciar seu efeito antidepressivo e ansiolítico.
- Acordado retornos precoces para checar adesão medicamentosa e oportunidade para ajustar doses, além de ofertar escuta terapêutica e aconselhamento sobre estratégias para sair das ruas, junto da equipe multiprofissional.

Evolução do caso

Paciente iniciou tratamento para quadro de faringoamigdalite com penicilina benzatina 1.200.000 UI, apresentando melhora expressiva da infecção em 2 dias.

Em relação à investigação de TB latente, foi oportunizado, no breve contato com o paciente na UBS, um teste de PPD, o qual resultou reagente > 10 mm, sendo prescrito tratamento com isoniazida e rifapentina, com 12 doses semanais por 3 meses.

O paciente retornou à consulta médica em intervalos regulares de 30 dias, quando foram avaliados adesão ao tratamento medicamentoso e possíveis efeitos adversos. José conseguiu realizar o tratamento e não houve falha terapêutica.

A insônia apresentada pelo paciente foi bem resolvida com a melhora do quadro de ansiedade e a possível adequação da higiene do sono ao seu contexto social*.

* Não é recomendado repetir o tratamento da ILTB em pessoas que já se trataram para TB ou que já fizeram o curso completo de tratamento da ILTB, exceto quando for identificada nova exposição de risco, como no caso das PVHIV, mediante contato com caso fonte bacilífera.

REFERÊNCIAS BIBLIOGRÁFICAS

1. Aldridge RW, Story A, Hwang SW, Nordentoft M, Luchenski SA, Hartwell G, et al. Morbidity and mortality in homeless individuals, prisoners, sex workers, and individuals with substance use disorders in high-income countries: a systematic review and meta-analysis. Lancet. 2018;391(10117):241-250.
2. Gusso G, Lopes JMC, Dias LC. Tratado de medicina de família e comunidade. 2. ed. Porto Alegre: Artmed; 2019.
3. Baldy JLS. Estreptococcias. In Veronesi R, Focaccia R. Tratado de infectologia. 5. ed. rev. e atual. São Paulo: Ed. Atheneu; 2015. p. 1111-54.
4. Ferretti JJ, Stevens DL, Fischetti VA. Streptococcus pyogenes: Basic Biology to Clinical Manifestations. University of Oklahoma Health Sciences Center; 2016.
5. McIsaac WJ, White D, Tannenbaum D, Low DE. A clinical score to reduce unnecessary antibiotic use in patients with sore throat. CMAJ. 1998;158(1):75-83.
6. Silva NMAM, Barhouche RBG. Faringotonsilites e laringites. Rotinas de diagnóstico e tratamento das doenças infecciosas e parasitárias. 4. ed. São Paulo: Atheneu; 2015. p 435-41.
7. Costa Rosa JM, Teixeira JC, Souza LS, Barreto RG. 101 Desafios em antibióticos & outros antimicrobianos. Ed. SANAR; 2019.
8. Behr MA, Kaufmann E, Duffin J, et al. Latent Tuberculosis: Two Centuries of Confusion. Am J Respir Crit Care Med. 2021;204(2):142-148.
9. Gioseffi JR, Batista R, Brignol SM. Tuberculosis, vulnerabilities, and HIV in homeless persons a systematic review. Rev Saude Publica. 2022;56:43.
10. BRASIL. Ministério da Saúde. Secretaria de Atenção à Saúde. Departamento de Atenção Básica. Manual sobre o cuidado à saúde junto a população em situação de rua. 2012.
11. Brasil. Ministério da Saúde. Secretaria de Ciência, Tecnologia e Insumos Estratégicos. Departamento de Ciência e Tecnologia. Síntese de Evidências para Políticas de Saúde: adesão ao tratamento de tuberculose pela população em situação de rua. Brasília: Ministério da Saúde; 2016.
12. Brasil. Ministério da Saúde. Secretaria de Vigilância em Saúde. Departamento de Doenças de Condições Crônicas e Infecções Sexualmente Transmissíveis. Protocolo de vigilância da infecção latente pelo Mycobacterium tuberculosis no Brasil. Brasília: Ministério da Saúde; 2022.
13. Brasil. Ministério da Saúde. Secretaria de Vigilância em Saúde e Ambiente. Departamento de Articulação Estratégica de Vigilância em Saúde e Ambiente. Guia de vigilância em saúde: volume 2 [recurso eletrônico]. 6. ed. Brasília: Ministério da Saúde; 2023.
14. Brasil. Ministério da Saúde. Secretaria de Ciência, Tecnologia, Inovação e Insumos Estratégicos em Saúde. Departamento de Gestão e Incorporação de Tecnologias e Inovação em Saúde. Rifapentina + Isoniazida para o tratamento da Infecção Latente pelo Mycobacterium tuberculosis (ILTB). Brasília: Ministério da Saúde; 2020.
15. American Psychiatric Association. Diagnostic and Statistical Manual of Mental Disorders. 5. ed. American Psychiatric Association Publishing. 2022.
16. Mishra AK, Varma AR. A Comprehensive review of the generalized anxiety disorder. Cureus. 2023;15(9):e46115.
17. Leonte KG, Puliafico A, Peter J, Moira AR. Pharmacotherapy for anxiety disorders in children and adolescents [Internet]. UpToDate. Waltham, MA: UpToDate Inc. Disponível em: https://www.uptodate.com/contents/pharmacotherapy-for-anxiety-disorders-in-children-and-adolescents. Acesso em: mar. de 2025.
18. Associação Brasileira de Psiquiatria (ABP). Covid-19: telemedicina em psiquiatria. Rio de Janeiro: ABP; 2020.

Capítulo **11**

Fim de vida na rua

Raul Palmeira de Castro Silva
Julia Cindy Menezes da Costa
Everaldo Campos Sales
Vitor Hugo Paiva de Sousa
Marco Túlio Aguiar Mourão Ribeiro

CASO CLÍNICO

Subjetivo

Joana, sexo feminino, 21 anos, solteira, ensino fundamental incompleto, há quatro anos em situação de rua devido a conflitos familiares, pois vivia com a mãe e o padrasto em um bairro periférico. Após o falecimento de sua mãe em um acidente, passou a sofrer agressões físicas e psicológicas do padrasto e também a fazer uso de drogas. Dorme próximo a um viaduto movimentado perto do centro da cidade.

Foi levada ao pronto atendimento pelo SAMU, após ser encontrada por uma freira que realiza trabalhos comunitários na região. Encontrava-se em quadro de franco desconforto respiratório e rebaixamento sensorial na rua desde a noite do dia anterior.

Após realizada a estabilização inicial, a paciente relatou que estava com tosse, febre e dispneia há algumas semanas (não sabendo precisar o tempo com exatidão). Relatou também histórico de abuso de substâncias químicas (crack, cigarro e álcool) desde os 15 anos de idade, e com elevada carga diária, tendo rompido seus vínculos familiares por conta disso, e que por vezes necessita se prostituir para manter o vício.

Nega uso de medicamentos ou outras comorbidades conhecidas.

Objetivo

Estado geral comprometido, taquipneica, emagrecida, cianose periférica, extremidades frias, semblante entristecido, baixo grau de instrução, mas com melhora da orientação espaço-temporal do que ao ser admitida.

FC: 90 bpm; FR: 30 irpm; saturação: 93% (com suporte ventilatório) caindo para 83% sem o suporte.

Ausculta cardíaca: ritmo cardíaco regular, bulhas normofonéticas em 2 tempos, algo taquicárdica.

Ausculta pulmonar: crepitações pulmonares difusas e sibilos expiratórios.

Radiografia de tórax: opacidades pulmonares em vidro fosco, desvio da traqueia para o lado direito do tórax.

Testes rápidos: positivo para HIV (paciente desconhecia seu status sorológico previamente).

Teste rápido para covid-19: positivo.

Avaliação

Lista de problemas:

- Pneumonia de provável origem oportunista com agravamento por coinfecção por covid-19, estado avançado.
- Teste rápido positivo para HIV.
- Abuso de substâncias.
- DPOC?
- Insuficiência familiar.
- Exposição sexual de risco.

Genograma familiar

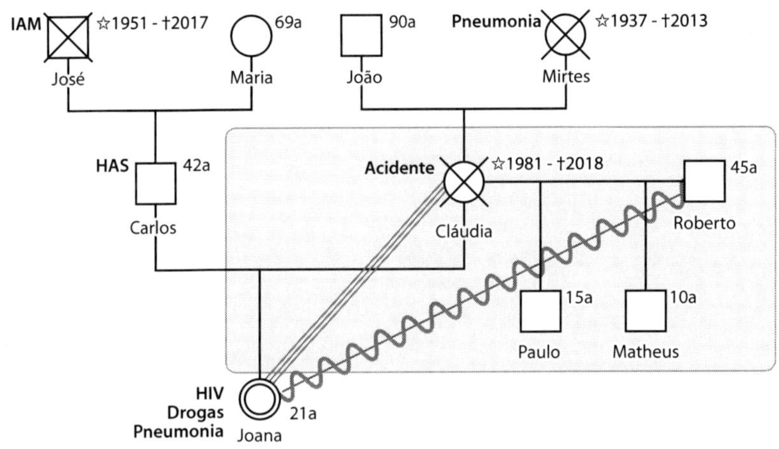

Figura 1 Genograma familiar apresentado no caso clínico.

Ecomapa

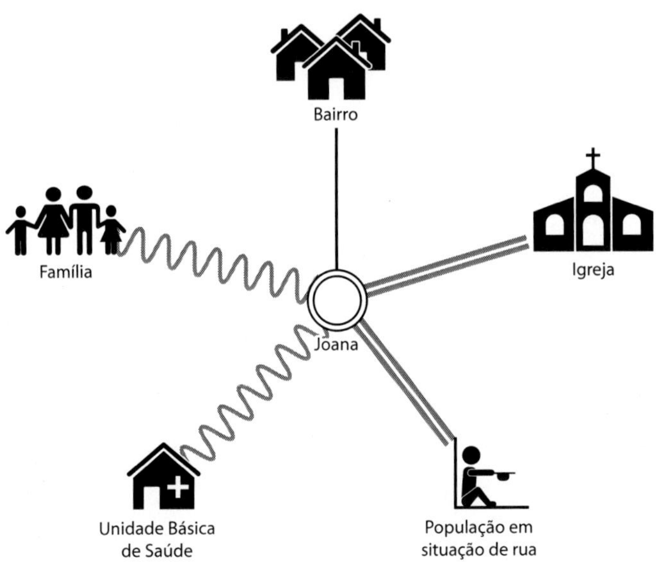

Figura 2 Ecomapa referente ao caso clínico.

DISCUSSÃO DO CASO

A princípio, é possível considerar os sintomas como apenas mais um quadro de insuficiência respiratória aguda decorrente da pneumonia, entretanto a paciente apresenta uma doença de base grave e em estado avançado (HIV), potencialmente duas, considerando-se a DPOC.

Não raro, casos como esse podem levar um paciente à morte. Nessas situações é importante considerar: como promover dignidade e conforto nos momentos finais de uma paciente como essa?

Pacientes paliativos gostam de ter contato com sua família, amigos e pessoas próximas antes de sua partida, mas pessoas em situação de rua podem apresentar peculiaridades para tais necessidades.

EPIDEMIOLOGIA

Infelizmente, há poucos estudos sobre a saúde da população no geral, e muitos dos dados expostos neste capítulo partem de extrapolações com base em estudos pequenos ou de outros países, que talvez nem mesmo representem fielmente a realidade brasileira.

Dados epidemiológicos compilados em uma revisão integrativa de 2017 que analisou estudos de diferentes metodologias realizados em diversos países da América Latina e Espanha avaliou as condições de saúde e doenças mais associadas à vida na rua.

A presença de abuso de substâncias lícitas e ilícitas, destacando-se o uso compulsivo de álcool e crack, aparece destacada tanto como causa quanto como consequência da ida às ruas. Somando-se a outros problemas de saúde mental, sendo o mais prevalente a depressão.

Destaca-se, também, a alta prevalência de doenças crônicas como hipertensão arterial sistêmica, diabetes *mellitus* tipo 2 e a doença pulmonar obstrutiva crônica, frequentemente subdiagnosticada ou sem tratamento adequado.

A prevalência de doenças sexualmente transmissíveis como HIV, hepatites e sífilis é alta, assim como a presença de doenças respiratórias, apontadas como agravos comuns.

Situações meteorológicas podem ser agravos incomuns a pessoas fora dessa população, mas podem proporcionar ameaças sérias e tangíveis à população de rua. Fatores como a hipotermia ou hipertermia podem ser causas de morbimortalidade, assim como aumentar as chances de se contrair doenças respiratórias como a tuberculose e a pneumonia.

Logo, entende-se que a população de rua enfrenta diversas condições potencialmente ameaçadoras à vida, muitas delas em comum com outras populações, e outras mais particulares a essa condição.

CUIDADOS PALIATIVOS

A Organização Mundial da Saúde define cuidados paliativos como uma abordagem que busca melhorar a qualidade de vida de pacientes (adultos e crianças) e famílias que enfrentam doenças que ameaçam a vida, buscando reduzir ou aliviar o sofrimento, através da identificação precoce, avaliação correta e tratamento da dor e outros problemas físicos, psicossociais e espirituais.

Os cuidados paliativos estão indicados para todos os pacientes portadores de doenças graves, potencialmente ameaçadoras à vida. Esses cuidados devem ser definidos pela equipe médica, paciente e família, em conjunto.

Tradicionalmente, o paciente pode estabelecer suas próprias diretivas antecipadas de vontade, um delineamento de quais cuidados deseja ou não receber, a entrar em vigor quando o paciente entra em estado terminal ou ao sofrer danos graves.

Um exemplo de tais diretivas é o atestado vital, um documento em que o paciente pode atestar por escrito quais cuidados deseja ou não receber, respeitando assim seus princípios e desejos psicológicos, morais e espirituais. Outro exemplo é o mandato duradouro, ou procuração para cuidados de saúde, quando o enfermo escolhe uma pessoa de confiança para tomar as decisões por si.

Trazer isso para o contexto da situação de rua é bem mais desafiador, pacientes com menores graus de escolaridade podem não compreender o mínimo necessário para elaborar diretivas antecipadas que realmente representem suas opiniões, assim como não ter familiares de confiança para nomear como procuradores. Logo, há o risco de que muitas dessas diretivas, por nunca serem expressas, sejam violadas pela soberania da decisão médica, o que pode gerar maior grau de sofrimento.

É importante ressaltar que os cuidados paliativos não pretendem antecipar ou retardar a morte, mas sim garantir que o paciente sobreviva com conforto e dignidade pelo tempo que lhe couber. A morte no tempo correto e com o mínimo de sofrimento é nomeada ortotanásia, tendo em seu oposto a distanásia, quando a vida é artificialmente prolongada através de artifícios tecnológicos, mas sem a presença de qualidade ou com grande teor de sofrimento envolvido, e muito provavelmente sem possibilidade de reversão para um estado anterior a comorbidade.

Não se deve confundir eutanásia com ortotanásia, no entanto. A eutanásia é quando o paciente decide, por conta própria, encerrar a própria vida, de forma indolor e assistido por meios médicos. Por envolver uma decisão consciente, a eutanásia exige que o paciente esteja com sua autonomia preservada, diferente da ortotanásia, que pode ser realizada com o paciente já em estados mais avançados de doença.

Por fim, um último conceito, muito pertinente à população em situação de rua, é o conceito de mistanásia, vulgo, a morte miserável. A mistanásia acontece quando um paciente falece de forma agonizante e lenta, sem receber quaisquer cuidados de saúde para amenizar seu sofrimento.

Portanto, em resumo, os cuidados paliativos promovem a ortotanásia em princípio, e buscam evitar a distanásia ou a mistanásia a todo custo. Como aplicar esses princípios à população em situação de rua?

Primeiramente, é importante definir o que está proporcionando sofrimento ao paciente. Klop et al., em 2018, compilaram algumas das preocupações comuns em PSR, em uma revisão sistemática de 23 estudos diferentes, quantitativos e qualitativos.

O estudo apontou alguns medos e preocupações comuns nessa população, como o medo da morte, de sofrer com uma doença grave e dolorosa, de ser um fardo para outras pessoas, de perder a autonomia, de que sua família ou amigos não saibam de sua morte ou situação de saúde, medo do desconhecido após a morte ou de que os rituais religiosos necessários não sejam realizados após a sua partida. Também há muitas preocupações relacionadas a más experiências anteriores em serviços de saúde, próprias ou de conhecidos.

É necessário fazer uma avaliação dos determinantes sociais de saúde (DSS) do paciente. Rastrear possíveis contatos que possam oferecer suporte durante as fases terminais ou de maior sofrimento de um doente, e assim traçar um "mapa" da rede de apoio desse indivíduo, saber quais grupos frequentava, antes ou depois de entrar em situação de rua, entender a sua escolaridade, sua religiosidade, e a qualidade dos vínculos afetivos que mantinha, seja com familiares ou amigos.

Também é de suma importância compreender outras dimensionalidades e minorias sociais que o paciente possa estar inserido (se ele é de alguma minoria racial, se é parte da comunidade LGBTQIAPN+, se é imigrante de outro município, estado ou país, se possui alguma deficiência física, mental ou intelectual etc.).

Vale ressaltar que a paliação deve ocorrer paralelamente ao tratamento curativo, sempre que o paciente estiver diante de uma doença grave e ameaçadora à vida, e que, principalmente, provoca sofrimento intenso e/ou duradouro ao paciente.

MORTE POR DOENÇAS INFECTOCONTAGIOSAS

A OMS definiu as doenças negligenciadas como um conjunto de doenças, em sua maioria de caráter infectocontagioso, que acometem especialmente populações que vivem em situação de vulnerabilidade e pobreza, representando um elevado percentual da carga de doenças em países em desenvolvimento mas que, por questões sociais, não são priorizadas em políticas públicas de enfrentamento ou de investimentos em pesquisa e desenvolvimento.

O termo doenças negligenciadas pode também ser estendido para o de doenças infecciosas negligenciadas ou doenças tropicais negligenciadas, que englobaria, mais especificamente, as mazelas infecciosas comuns em regiões tropicais e subtropicais, como a malária, doença de Chagas, HIV, zika, dengue, chikungunya e a tuberculose.

Apesar de não serem exclusivas das populações mais vulneráveis, e muito menos de pessoas em situação de rua, entende-se que a posição de vulnerabilidade social aumenta os obstáculos para um tratamento adequado, a chance de evolução para formas graves e o próprio risco de contaminação por tais doenças. Não obstante, pode-se inferir que a mortalidade por doenças potencialmente curáveis ou tratáveis, e que provocam grande grau de sofrimento, representa bem a ideia de morte miserável (mistanásia) nas populações de rua.

Tuberculose

Em 2022, a OMS classificou a tuberculose (TB) como a segunda maior causa de morte por doenças infecciosas no mundo. A tuberculose é uma doença infectocontagiosa progressiva, com alto potencial de cronicidade, causada pelo agente etiológico *Mycobacterium tuberculosis*, também conhecido como bacilo de Koch.

A transmissão da tuberculose ocorre por meio de partículas de aerossóis expelidos no ar por pessoas infectadas e com a forma ativa da doença. Tais partículas contêm bacilos infectantes, e são produzidas pela tosse, fala ou espirro. Vale ressaltar que os determinantes sociais do processo saúde e doença da população em situação de rua contribui diretamente com o aumento da cadeia de transmissão de TB, além de aumento da possibilidade de manifestação da doença devido a fatores como desnutrição, desidratação e insalubridade.

Nesse contexto, é de suma importância que sejam implementadas as medidas corretas para realizar o diagnóstico e o tratamento da tuberculose de acordo com as orientações do *Manual de recomendações para o controle da tuberculose no Brasil*.

Alguns desafios encontrados na prática para o manejo da TB na população em situação de rua incluem o rastreamento de pacientes sintomáticos e a realização do diagnóstico, além de ser preciso incentivar e manter a adesão terapêutica do paciente, e rastrear e tratar seus contatos.

A coordenação e o planejamento do cuidado do paciente com tuberculose necessita do envolvimento engajado de uma equipe multidisciplinar. Trata-se de um tratamento oneroso e longo (com o mínimo de seis meses, para a maioria de suas formas) e que exige a combinação de múltiplas drogas que podem apresentar diferentes perfis de efeitos colaterais. Não cumprir o tratamento de forma adequada gera consequências graves, como resistência do bacilo aos medicamentos e aumento do risco de morte e disseminação da doença.

Destaca-se ainda outros desafios para população em situação de rua, como garantir o acesso a medicação, fazer a supervisão das doses, garantir o acompanhamento clínico e laboratorial dessas pessoas, além de realizar a busca ativa dos sintomáticos respiratórios.

HIV

O vírus da imunodeficiência humana (HIV) pertence à família *Retroviridae*, à subfamília *Orthoretrovirinae* e ao gênero *Lentivirus*. Existem dois tipos de HIV: HIV-1 e HIV-2. O retrovírus humano HIV-1 é considerado o tipo mais virulento e mais disseminado pelo Brasil.

A infecção pelo HIV é caracterizada pela redução de linfócitos TCD4+, que são as principais células-alvo da infecção pelo HIV, e disfunção imunológica, tornando os portadores do vírus suscetíveis a infecções oportunistas e maior morbimortalidade pelas mais distintas infecções.

Vale ressaltar que segundo a OPAS e a OMS o aumento da vulnerabilidade ao HIV está associado a fatores sociais, o que contribui para o aumento da exposição a situações de risco e cria barreiras para o acesso ao serviço de prevenção, testagem e tratamento eficazes.

Diante desse contexto, a população em situação de rua está mais vulnerável a se contaminar e transmitir o vírus do HIV devido aos determinantes do processo de saúde e doença.

Atualmente, a infecção pelo HIV não tem cura, mas possui várias opções de tratamento eficazes, capazes de fazer os sintomas da doença entrarem em remissão, impedir sua cadeia de transmissão, extinguir a carga viral circulante das pessoas infectadas, e restabelecer a funcionalidade plena do sistema imunológico do indivíduo.

A obtenção desses tratamentos exige, no entanto, acesso a serviços especializados de saúde, geograficamente escassos em diversos espaços urbanos, o que pode limitar o acesso de muitas pessoas em situação de rua simplesmente devido a dificuldades para locomoção.

Além disso, o simples fato de guardar tais medicações, ter acesso a água potável para tomar os comprimidos e associá-los a refeições pode ser um grande desafio para a pessoa em situação de rua que o profissional de saúde não treinado pode ignorar.

A falta de um tratamento adequado proporciona a disseminação das enfermidades e o falecimento por doenças oportunistas graves, que provocam grande morbidade e sofrimento, como pneumonias, neoplasias, gastroenterites e infecções neurológicas.

Vale ressaltar que o processo de adoecimento se inicia na rua, e esse paciente pode nem mesmo conseguir chegar a um serviço de saúde para obter paliação e cuidados dignos.

DOENÇAS CRÔNICAS

Segundo a OMS, as doenças crônicas são patologias de lento desenvolvimento e longa duração, podendo acompanhar a pessoa durante a vida. Normalmente, os problemas persistem por período superior a seis meses e requerem tratamentos e terapias longas ou complexas.

Dessa forma, causam grande impacto econômico, sendo, no Brasil, a primeira causa de mortalidade e hospitalizações. As doenças cardiovasculares estão no topo dessa lista, sendo a hipertensão arterial sistêmica a mais prevalente.

As causas de doenças crônicas são multifatoriais, incluindo predisposição genética e fatores de risco externos, como o uso de álcool e tabaco, sendo também responsáveis por agravos.

Tais fatores de risco estão ligados à realidade da PSR. Atrelado a isso, a violência, o preconceito, a invisibilidade social, a dificuldade de acesso às políticas públicas, a alimentação incerta, a falta de água potável, a privação de sono e a dificuldade de adesão a tratamentos são responsáveis pela presença de maior prevalência de doenças crônicas na PSR, bem como a maior incidência, mortalidade, morbimortalidade prematura e maior prevalência de complicações em comparação à população geral.

A presença do estresse crônico criado pela privação de sono e constante estado de alerta, junto do uso de tabaco, drogas ilícitas (como cocaína) e álcool são causas importantes para o maior agravo e mortalidade em relação a doenças crônicas. Todavia, a dificuldade de acesso aos cuidados de saúde também é um fator determinante para o aumento das complicações.

A PSR não possui amplo acesso aos centros de saúde devido a múltiplas causas que vão do preconceito sofrido, ausência de habitação fixa até a negligência por parte do próprio indivíduo. Os que inicialmente são abordados em estratégia de saúde da família acabam tendo seu acompanhamento interrompido devido às dificuldades de acesso.

A interseção de todos essas condições – incluindo a maior prevalência de fatores de risco, as complicações para doenças crônicas resultantes do cotidiano extremo em que vivem a PSR, a falta de tratamento adequado devido ao acesso difícil dessa população aos meios de promoção de saúde e a não adesão e continuidade do tratamento adequado –, fazem com que a PSR apresente alta mortalidade relacionada a complicações ocasionadas por doenças crônicas.

FOME, DESIDRATAÇÃO, FRIO E CALOR

A Declaração Universal dos Direitos Humanos de 1948 coloca a alimentação adequada, que engloba o acesso a água potável, como um dos componentes necessários para um padrão de vida saudável.

Nesse contexto, a Política Nacional para a População em Situação de Rua (PNPSR) de 2009 contemplou a necessidade de proporcionar às pessoas em situação de rua acesso permanente a alimentação. É notório que a implementação de medidas de segurança alimentar ainda é um desafio.

Os anos de alimentação incerta, com aporte calórico inadequado, qualidade duvidosa e pouco ou nenhum acesso a água potável associado a todos os contextos de violência, doenças crônicas não tratadas e doenças infecciosas causam enorme impacto na saúde física e mental das PSR.

O consumo de água contaminada aumenta o risco de desenvolvimento de doenças infecciosas e parasitárias, em contrapartida a desidratação proporciona piora de doenças crônicas, como a doença renal crônica, aumentando a morbidade de tais enfermidades.

A subnutrição não apenas causa complicações, mas também agrava diversas comorbidades, contribuindo significativamente para a redução da expectativa de vida da PSR.

Fatores ambientais também estão entre as situações encontradas no ambiente público que aumentam a morbidade da população em situação de rua. O frio e a chuva associados a ausência de locais de proteção adequados e, muitas vezes, a arquitetura hostil colocam esses indivíduos em situações de exposição severa a fatores climáticos, dificultando o adequado tratamento de doenças ou até mesmo estimulando o surgimento de outras como, por exemplo, a leptospirose.

A dificuldade de acesso a dieta adequada, água potável e a exposição a fatores climáticos são importantes potencializadores da morbimortalidade na PSR, seja pelo agravamento de comorbidades já pré-existentes ou pelo surgimento de novos problemas de saúde.

ÁLCOOL E DROGAS

Durante o tratamento do paciente em situação de rua, é comum a abordagem com relação ao uso de álcool ou drogas como meta terapêutica. Conduzir o indivíduo a interromper o uso de substâncias pode auxiliar em outros contextos importantes como tentativas de suicídio, exposição a riscos e até possibilitar o retorno a atividades laborais e a retomada de laços afetivos com familiares.

Entretanto, a abordagem específica de pessoas em situação de rua deve ser criteriosa para haver maior engajamento no tratamento. O profissional que avaliar o caso deve ter noção de que o tratamento desse paciente é flutuante em vínculo e comprometimento. Abordagens excessivamente rígidas, focadas exclusivamente na abstinência, ou, por outro lado, excessivamente permissivas, provavelmente não terão sucesso.

O uso da redução de danos é viável dentro desse contexto. É importante salientar que nessa estratégia não é contraindicada a abstinência como meta, mas sim como uma exigência ao paciente.

Isso se deve ao fato de que a motivação para interromper o uso de drogas varia de pessoa a pessoa e tem caráter flutuante, podendo apresentar motivações instáveis, colocando obstáculos ao tratamento.

Nesse aspecto é preciso ressaltar duas características importantes no tratamento do usuário de drogas: ambiguidade e vínculo terapêutico. A ambiguidade é uma disposição contraditória diante de uma escolha. Um usuário de substâncias pode estar consciente de sua situação e dos malefícios à sua saúde e segurança, desejando interromper o uso, mas ainda assim sentindo o desejo de consumir. Dessa maneira, no momento seguinte, ele retorna ao padrão anterior. É preciso compreender essa dinâmica para não cair no erro de interpretar esse comportamento como dissuasão por parte do paciente.

O vínculo terapêutico, por sua vez, assim como a motivação do paciente é flutuante, variando com o tempo e com os acontecimentos durante o tratamento. Esse aspecto da abordagem é muito importante para o engajamento nas condutas tomadas em consultório. Apesar dos altos e baixos no vínculo, ele é reforçado de maneira gradual, propiciando confiança no profissional que está atendendo.

Além desses dois pontos na abordagem inicial e manutenção das condutas através do vínculo, é preciso criar estratégias que mantenham a motivação. Nesse ponto é que a redução de danos difere das abordagens rígidas que colocam a abstinência como obrigação e meta única. Exaltar ganhos sutis no início do tratamento tem efeito positivo na adesão, que vão desde a melhoria na qualidade de vida, como a redução da exposição a situações de risco, retorno às atividades laborais, até melhora ou retomada de relações familiares. Essas metas intermediárias motivam o paciente a permanecer nos cuidados da equipe multidisciplinar e reduzem as flutuações de motivações.

Todavia, é contraindicado abordar o paciente com o objetivo de controlar o uso da substância para não gerar mais riscos à saúde, sendo raro que esses indivíduos consigam esse objetivo.

Outra abordagem a ser considerada na redução de danos é a substituição de determinada droga por outra menos nociva. Essa abordagem já é realizada na dependência de opioides, em que se troca o uso da morfina por metadona, versão que ainda causa dependência, mas com menor risco à saúde. Outro exemplo é o uso de benzodiazepínicos na população em tratamento de abstinência alcoólica.

Considerando o contexto das pessoas em situação de rua, a melhor abordagem terapêutica em relação ao uso de álcool ou de outras drogas deve passar pela redução de danos, estabelecendo vínculos e criando metas secundárias de curto e médio prazo para manter a motivação do paciente, e não colocando a abstinência como meta única e exigência ao tratamento.

Mortes na população de rua por causas violentas: de agressões a suicídios

A Organização Mundial da Saúde (OMS) define a violência como o uso de força física ou poder, em ameaça ou na prática, contra si próprio, outra pessoa ou contra um grupo ou comunidade que resulte ou possa resultar em sofrimento, morte, dano psicológico, desenvolvimento prejudicado ou privação.

Assim, o conceito de "uso de força física ou poder" deve incluir negligência e todos os tipos de abuso físico, sexual e psicológico, bem como o suicídio e outros atos autoinfligidos[1].

No contexto das pessoas em situação de rua (PSR), a violência ganha contornos característicos relacionados à falta de acesso a direitos básicos e a uma rede de apoio estruturada. É possível analisar a violência advinda de instituições (truculência sistemática da força policial, políticas higienistas, desestruturação ou tratamento desumanizado de serviços públicos, religiosos e civis que atendem essas populações), entre indivíduos ou autodirigidas (tentativas de suicídio).

Diante de um contexto inerentemente violento, observa-se o aumento de fatores que podem contribuir direta ou indiretamente com a morbimortalidade dos indivíduos em situação de rua.

Nos diversos cenários em que o morador de rua é atendido por equipes de saúde, é vital ter em mente o panorama das violências que atravessam esse recorte da população, inclusive da tendência institucional e cultural de normalizar ou reduzir em importância o seu sofrimento. Tendo isso em vista, na abordagem da PSR atendida por causa violenta, recomenda-se a notificação da violência hétero ou autoinfligida, além de abordagem cuidadosa dos fatores comórbidos associados.

REFERÊNCIAS BIBLIOGRÁFICAS

1. Valle FAAL, Farah BF, Carneiro Junior N. As vivências na rua que interferem na saúde: perspectiva da população em situação de rua. Saúde em Debate. 2020;44:182-92.
2. Mendes KT, Ronzani TM, Paiva FS. População em situação de rua, vulnerabilidades e drogas: uma revisão sistemática. Psicologia & sociedade. 2019;31.
3. Romaszko J, Cymes I, Dragańska E, Kuchta R, Glińska-Lewczuk K. Mortality among the homeless: causes and meteorological relationships. Shaman J, editor. PLOS ONE. 2017;12(12): e0189938.
4. Brasil. Ministério da Saúde. Manual de recomendações para o controle da tuberculose no Brasil. Brasília, DF: Ministério da Saúde; 2011. Disponível em: https://bvsms.saude.gov.br/bvs/publicacoes/manual_recomendacoes_controle_tuberculose_brasil.pdf. Acesso em: mar. De 2025.
5. Brasil. Ministério da Saúde. Síntese de evidências para políticas de saúde: adesão ao tratamento da tuberculose. Brasília, DF: Ministério da Saúde; 2016. Disponível em: https://bvsms.saude.gov.br/bvs/publicacoes/sintese_evidencias_politicas_adesao_tuberculose.pdf. Acesso em: mar. de 2025.
6. Dahlberg LL, Krug EG. Violência: um problema global de saúde pública. Ciência & Saúde Coletiva. 2006;11(suppl):1163-78.
7. 7.Nonato DDN, Raiol RWG. Pessoas em situação de rua e violência: entrelaçados em nome da suposta garantia de segurança pública. Revista Direito em Debate. 2018;27(49):90.
8. Santos NS de O, Romanos MTV, Wigg MD. Virologia humana. 3. ed. São Paulo: Grupo Gen - Guanabara Koogan; 2015.
9. Thompson AE. Advance Directives. JAMA. 2015;313(8):868.

Capítulo **12**

Gestão do cuidado

Gilson Fernandes Soares
Matheus Corrêa Félix
Isabela Porto Pinheiro Marques
Carolina Maria Meneses Cunha
Andrea Taborda Ribas da Cunha

CASO CLÍNICO

Em uma Unidade Básica de Saúde da Família (UBSF) na sede do município de Trairi – CE, a recepcionista entra no consultório médico no período entre duas consultas para saber se um paciente sem prontuário e sem documentos para cadastro poderia ser atendido, informando que se trata de um homem de meia-idade em situação de rua. Ao ser confirmada a possibilidade de consulta, um cadastro provisório é realizado e, logo após, o paciente adentra o consultório para seu primeiro atendimento médico nos últimos cinco anos.

Subjetivo

João da Silva, homem cis, heterossexual, pardo, 52 anos, pescador, em situação de rua há três anos, comparece ao ambulatório de medicina familiar relatando cólica abdominal intensa e diarreia persistente há uma semana. Com quatro a seis episódios ao dia, com presença de sangue e muco. Refere o consumo de vegetais crus, que consegue por doação de feirantes ao final da feira. Relata ainda o consumo de água não filtrada ou fervida.

Menciona o consumo abusivo de álcool desde a adolescência, que se intensificou após a morte de sua primeira esposa, há vinte anos, tornando-se dependente de álcool durante seu segundo casamento, o que acarretou a interrupção de laços com a filha de seu primeiro casamento, com o casal de filhos do segundo casamento, com seus irmãos e o divórcio. Nega o uso de outras substâncias. Refere que foi criado somente pela mãe e que ela veio a falecer há quatro anos.

Queixa-se de dores osteomusculares crônicas, principalmente em região lombar e em ombros, que relaciona tanto aos esforços dos trabalhos da atividade de pesca quanto aos temporários de livre demanda, mencionando melhora com o uso de AINES, aos quais recorre rotineiramente nas últimas duas décadas.

Durante o atendimento, nota-se o pé direito enfaixado com uma tira de tecido, apresentando um ferimento na região plantar, ocasionado pelo seu deslocamento entre a vila pesqueira e a sede do município, onde realiza a maior parte de suas atividades temporárias de livre demanda.

Relata que passou à situação de rua após o aumento no valor do aluguel, que coincidiu com a redução de trabalhos de livre demanda que costumavam ser sua principal fonte de renda em período de defeso, no contexto da pandemia de covid-19, em 2021.

Objetivo

Estado geral regular, emagrecido, eupneico, acianótico, anictérico, afebril, hipocorado ++/4, desidratação moderada, consciente e algo desorientado, livre de edemas, pele apresentando xerose na face e porções distais de membros inferiores, úlcera em região plantar de membro inferior direito, referindo colúria e fezes de aspecto semiliquefeito, com presença de secreção mucosa e sanguinolenta.

Higiene e cuidados pessoais inadequados, porém condizentes com a situação de rua, cooperativo, vígil, hiprosexia, afrouxamento das associações, circunstancial, hipomodulado, *insight* preservado.

CAGE: 4 Audit: 39.

Abdome: plano, normotimpânico, depressível, não foram palpadas massas ou visceromegalias, doloroso à palpação difusamente, ruídos hidroaéreos hiperativos.

Extremidades: úlcera em região plantar de membro inferior direito, em região sob articulação metatarsofalangeana do hálux, com base vermelha granulomatosa, pouco exsudativa e indolor, apresentando pulsos palpáveis, cheios e simétricos.

Avaliação

Lista de problemas:

- Vulnerabilidade social.
- Síndrome de dependência ao álcool – em contemplação.
- Cólica abdominal intensa e diarreia: associada à inadequação da higiene na manipulação de alimentos e ao consumo de água não tratada, além do consumo crônico de álcool.
- Úlcera neuropática: provavelmente resultado de neuropatia periférica relacionada ao uso crônico de álcool.
- Anemia, provavelmente ferropriva devido à carência nutricional e ao uso crônico de AINES e possíveis problemas de absorção relacionados à doença renal crônica.
- Carência de vitamina B1: associada ao consumo crônico de álcool e possíveis deficiências nutricionais.
- Insuficiência familiar.

Genograma familiar

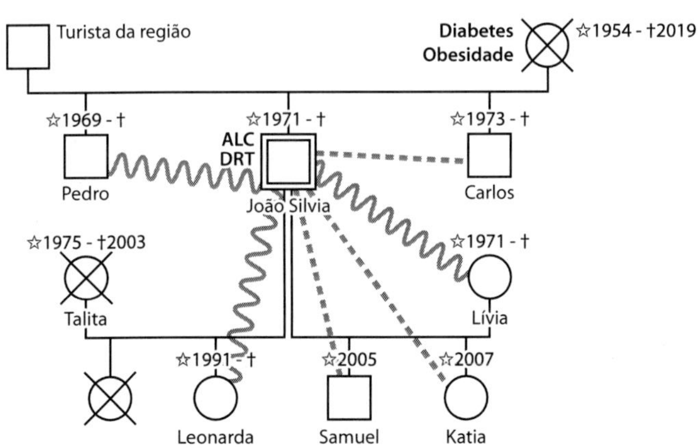

Figura 1 Genograma familiar apresentado no caso clínico.

Ecomapa

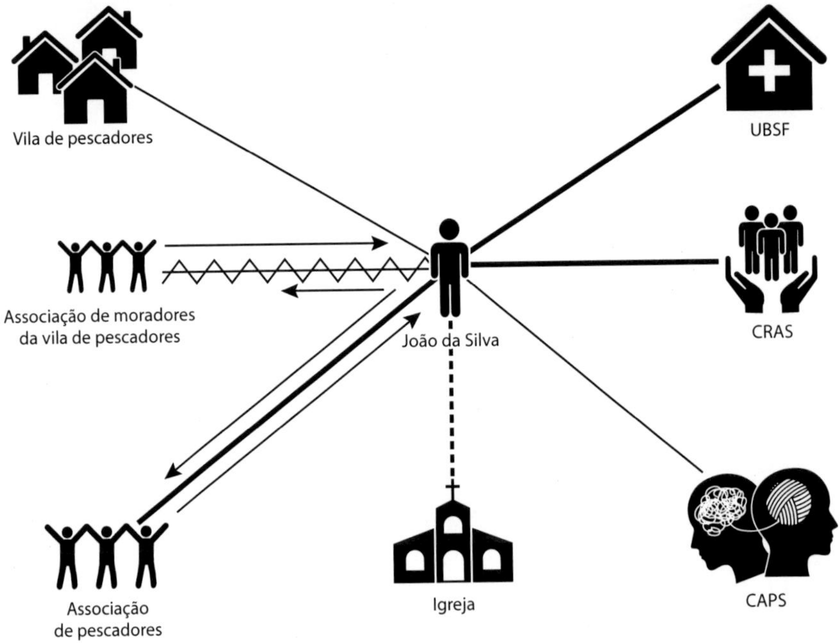

Figura 2 Ecomapa referente ao caso clínico.

DISCUSSÃO DO CASO

A atenção integral ao paciente João da Silva, que enfrenta uma situação de rua, destaca o papel essencial do médico de família e comunidade (MFC) no sistema de saúde. Neste capítulo, será examinado como o Método Clínico Centrado na Pessoa e a Roda de Prochaska desempenham papel crucial na abordagem do MFC. João, em sua situação complexa, ilustra as interações entre determinantes sociais de saúde e condições clínicas. Sua situação de rua não é apenas uma circunstância, mas um determinante social que influencia profundamente sua saúde. O MFC, ao adotar uma abordagem centrada na pessoa, reconhece que a condição de rua de João é fundamental para entender sua saúde e criar um plano de tratamento eficaz.

A Roda de Prochaska, uma ferramenta baseada na teoria de estágios de mudança, ajuda a identificar em que estágio de prontidão para a mudança o paciente está. Isso é particularmente relevante para questões como a dependência do álcool e a adesão ao tratamento de doenças crônicas. Portanto, este capítulo explorará como o MFC desempenha um papel ativo na promoção do vínculo com o paciente, superando ou passando a conviver melhor com barreiras sociais e emocionais, como a síndrome de dependência do álcool e as condições crônicas, enquanto considera os determinantes sociais de saúde. O uso crônico de AINES, a anemia ferropriva, as parasitoses intestinais e a lombalgia crônica também serão discutidos, destacando a importância do cuidado centrado na pessoa e da adaptação terapêutica para abordar complexas condições de saúde em pacientes em situações semelhantes.

Síndrome de dependência ao álcool e suas consequências

O consumo excessivo de álcool é uma realidade frequente entre a população em situação de rua (PSR), o que as coloca em uma situação vulnerável a uma série de riscos. Esse problema desafia as equipes de cuidado a desenvolverem abordagens mais eficazes para reduzir danos e promover a saúde dessas pessoas.

O consumo abusivo de álcool se caracteriza por doses elevadas com frequência regular, o que pode resultar em complicações físicas e psicológicas. Da mesma forma, a dependência crônica do álcool envolve o consumo regular que causa distúrbios fisiológicos e comportamentais, incluindo o desejo intenso de consumir, dificuldade de controle e abstinência.

Além disso, é comum observar transtornos psicológicos associados ao alcoolismo, tais como depressão, transtorno de ansiedade, déficit de atenção e hiperatividade, e esquizofrenia, especialmente em moradores de rua e etilistas crônicos.

No âmbito das comorbidades físicas, o álcool tem um impacto significativo no fígado, causando esteatose, hepatite alcoólica e cirrose alcoólica. Outros órgãos do sistema gastrointestinal, como o pâncreas e o estômago, também podem ser afetados, levando a condições como pancreatite. Adicionalmente, o abuso de álcool pode resultar em comorbidades neuronais, como neuropatia, que se manifesta na forma de perda de sensibilidade, movimento comprometido e função autonômica prejudicada em áreas específicas do corpo. A falta de sensibilidade pode levar a ulcerações neuropáticas, frequentemente observadas nos pés, devido à ausência de sensação na área.

O que muda nas PSR?

A PSR está sujeita a um alto risco de desnutrição devido a diversos fatores, incluindo baixa renda, opções limitadas de alimentos e consumo excessivo de álcool. Uma dieta rica em álcool pode resultar em deficiências de vitaminas e minerais essenciais, além de prejudicar a absorção de nutrientes devido a danos no intestino.

Tratamento

A ingestão de tiamina (vitamina B1) pode ser fundamental para reverter o comprometimento cognitivo associado ao consumo de álcool, o que pode ser crucial para auxiliar na redução do consumo e no engajamento com os serviços de cuidado.

Desafios das parasitoses intestinais em populações vulneráveis

A preocupação global com a saúde das populações em situações vulneráveis, como a PSR, é uma questão urgente. A falta de acesso ao saneamento básico, condições precárias de higiene e recursos limitados de saúde tornam esses grupos especialmente suscetíveis a infestações parasitárias intestinais. Nesse contexto, serão exploradas as principais parasitoses intestinais que afetam essas populações em risco, abordando sintomas, diagnóstico, tratamento e medidas preventivas para cada parasita.

Giardíase: combatendo o parasita Giardia lamblia

A contaminação ocorre principalmente pela ingestão de água ou alimentos contaminados com cistos do parasita *Giardia lamblia*. Também pode ser transmitida de pessoa para pessoa em ambientes com más condições de higiene.

Sintomas incluem diarreia crônica, flatulência, dor abdominal, náuseas e vômitos.

O diagnóstico é realizado pela identificação de cistos ou trofozoítos nas fezes do paciente, através de três amostras.

O tratamento envolve o uso de medicamentos antiparasitários, como albendazol, mebendazol, metronidazol, secnidazol, tinidazol ou nitazoxanida.

Amebíase: enfrentando a Entamoeba histolytica

A contaminação ocorre principalmente pela ingestão de alimentos e água contaminados com cistos da *Entamoeba histolytica*. A transmissão de pessoa para pessoa é possível através do contato com fezes contaminadas.

Sintomas incluem diarreia, cólicas abdominais, fezes com sangue ou muco, e em casos graves, abscessos hepáticos.

O diagnóstico é feito pela identificação de cistos ou trofozoítos nas fezes, juntamente com exames de imagem para lesões no fígado.

O tratamento envolve o uso de medicamentos como metronidazol, secnidazol ou nitazoxanida.

Enterobíase (oxiuríase): lidando com os oxiúros

A contaminação ocorre quando os ovos do parasita *Enterobius vermicularis* (oxiúros) são ingeridos, geralmente após tocar objetos ou superfícies contaminadas e levar as mãos à boca.

Sintomas incluem coceira anal intensa, irritabilidade e distúrbios do sono.

O diagnóstico pode ser realizado através do teste de fita adesiva perianal, que identifica os ovos do parasita.

O tratamento envolve o uso de medicamentos antiparasitários, como albendazol, mebendazol, ivermectina ou nitazoxanida.

Ancylostoma duodenale: *Combatendo ancilostomídeos*

A principal via de contaminação é a penetração das larvas infectantes através da pele, especialmente em solos contaminados.

Sintomas incluem fadiga, fraqueza, dores abdominais, diarreia ou constipação.

O diagnóstico é realizado pela identificação de ovos do parasita nas fezes, juntamente com exames de sangue que mostram contagem reduzida de glóbulos vermelhos e níveis baixos de hemoglobina.

O tratamento comumente envolve o uso de medicamentos como albendazol e mebendazol para eliminar a infecção por ancilostomídeos.

O que muda na PSR?

O acesso à água potável, e a utilização da mesma água e produtos para higiene pessoal de outros indivíduos, é um grande complicador da prevenção nessa população.

A insegurança alimentar e o acesso restrito a alimentos, sem o respeito ao poder de escolha ou a uma dieta balanceada, bem como em condições adequadas de armazenamento, é outro ponto. A PSR tem como fonte de alimentação muitas vezes restaurantes públicos para pessoas em situação de vulnerabilização, mas com queixas constantes do tipo de tratamento, acesso ou perfil de alimentação. Outra fonte alimentar seriam doações de populares ou restaurantes, e muitas vezes sem condições de armazenamento adequadas posteriormente a entrega.

Tratamento: medidas de prevenção gerais – um caminho para a saúde

Educação em saúde é fundamental, informando a população de rua sobre parasitoses intestinais, seus sintomas e formas de transmissão.

A promoção da higiene pessoal e ambiental, incentivando a lavagem frequente das mãos e a adoção de medidas higiênicas adequadas, ajuda a reduzir o risco de contaminação. Entretanto, precisam ser feitas de maneira articulada com políticas que prevejam acesso a água potável de qualidade, acesso a produtos e locais para higiene pessoal e garantia de alimentação.

Garantir o acesso regular a serviços de saúde também é essencial para a detecção precoce e tratamento das parasitoses intestinais, proporcionando uma jornada rumo à saúde e ao bem-estar.

Anemia ferropriva: um desafio global

A anemia é um problema de saúde global, afetando aproximadamente um terço da população mundial, de acordo com a Organização Mundial da Saúde. Estudos estimam que a deficiência de ferro seja responsável por 75% dos casos de anemia, resultando na forma conhecida como anemia ferropriva ou ferropênica. É importante destacar que, embora a anemia afete tanto países em desenvolvimento quanto desenvolvidos, ela tende a ser mais prevalente em regiões economicamente desfavorecidas.

No Brasil, embora os dados sejam limitados, um estudo do Ministério da Saúde revelou que 20,9% das crianças menores de 5 anos e 29,4% das mulheres entre o recorte de população avaliada apresentavam anemia, com uma prevalência significativamente maior na região Nordeste.

A PSR é um grupo de risco para a anemia ferropriva devido à ingestão inadequada de ferro e ao risco de sangramento decorrente de doenças do trato gastrointestinal, como parasitoses, que são comuns nessa população devido à falta de acesso ao saneamento básico. Portanto, é crucial considerar a possibilidade de anemia ferropênica em indivíduos em situação de rua, dada sua instabilidade nutricional e alta prevalência de verminoses.

O diagnóstico da anemia ferropriva pode ser desafiador, pois muitas vezes é assintomática ou apresenta sintomas inespecíficos, como fadiga, palidez, perversão alimentar e outros indicadores clínicos, como baqueteamento digital, coiloníquia e atrofia das papilas linguais. A realização de exames laboratoriais, especialmente o hemograma, é fundamental para confirmar o diagnóstico. Alterações características, como hipocromia, microcitose, plaquetose e aumento do índice de anisocitose eritrocítica (RDW), são observadas na anemia ferropriva. Idealmente, deve-se avaliar o perfil de ferro com testes de ferritina sérica, ferro sérico, capacidade total de ligação do ferro e índice de saturação da transferrina. No entanto, em situações em que os exames não são viáveis, o tratamento pode ser iniciado com base em um hemograma sugestivo de anemia ferropênica.

O que muda na PSR?

Como já citado, as questões nutricionais, acesso à alimentação e higiene, uso abusivo de álcool e outras substâncias são todos fatores agravantes e predisponentes aos quadros de anemia e devem ser levados em conta na gestão dos cuidados dessas pessoas, não como problemas menores, mas como determinantes para o adoecimento.

Tratamento

O tratamento da anemia ferropriva requer, em primeiro lugar, a investigação da causa subjacente da deficiência de ferro. Quando a causa é dietética, especialmente na PSR, pode ser desafiador resolver o problema devido à instabilidade nutricional. Se a deficiência é causada por perda sanguínea, é essencial tratar a fonte do sangramento para corrigir a anemia. Há necessidade de articulação de vários pontos da rede de saúde para essa abordagem, além de políticas intersetoriais e da defesa dessas pessoas durante o caminhar pela rede. A interlocução com o SUAS é fundamental para que seja uma abordagem completa e de cuidado centrada nesse usuário.

Lombalgia, anti-inflamatórios e doença renal crônica: pontos essenciais

A lombalgia, frequentemente abordada em consultas médicas, é um sintoma comumente associado às grandes síndromes lombares, podendo possuir diversas etiologias, dentre as quais: mecânicas, neurogênicas, não mecânicas, viscerais, entre outras.

Os anti-inflamatórios não esteroides (AINEs) são eficazes contra dores leves a moderadas, especialmente quando causadas por inflamação ou lesões, atuando na inibição de enzimas ciclo-oxigenases (COX). Diferentes AINEs inibem as COX em diferentes extensões, e esse modo diferencial explica os diferentes efeitos adversos.

O uso excessivo de AINEs pode prejudicar os rins, levando à nefropatia analgésica, caracterizada por nefrite crônica, necrose papilar renal e doença renal crônica (DRC).

A DRC é caracterizada pela diminuição da taxa de filtração glomerular e pode resultar em várias complicações, como: anemia, devido à diminuição na produção de eritropoietina; queda na produção de vitamina D ativa, podendo ocasionar hipocalcemia, hiperfosfatemia e hiperparatireoidismo secundário; além de outros desequilíbrios eletrolíticos; acidose metabólica e incremento do risco de doenças cardiovasculares.

O que muda na PSR?

Para além dos fatores subjacentes causadores de lombalgia e o uso crônico de medicação, deve-se lembrar que o local de pernoite dessa população é favorável ao aparecimento de problemas articulares e desconforto articular ou artralgias, piorando o problema.

DESFECHO DO CASO CLÍNICO

Plano de cuidados

- Cólica abdominal e diarreia, por provável amebíase:
  - Albendazol 400 mg e secnidazol 1 g.
  - Hidratação venosa na UBSF e prescrição de sais de reidratação oral.
- Úlcera neuropática:
  - Avaliação e tratamento adequado da úlcera, incluindo desbridamento.
  - Educação sobre cuidados com os pés e prevenção de infecções.
- Doença renal crônica:
  - Solicitação de exames laboratoriais para melhor avaliação do quadro geral.
  - Educação sobre a importância de seguir as orientações médicas para preservar a função renal.
- Anemia ferropriva:
  - Suplementação de ferro.
  - Acompanhamento regular para monitorar os níveis de hemoglobina e avaliar a resposta ao tratamento.
- Carência de vitamina B1:
  - Suplementação de vitamina B1 (tiamina) e educação sobre a importância de uma dieta balanceada.
- Etilismo crônico:
  - Encaminhamento para apoio psicossocial e programas de reabilitação para tratamento da dependência de álcool.
  - Aconselhamento sobre os riscos do consumo de álcool e seus efeitos na saúde.
- Vulnerabilidade social e insuficiência familiar:
  - Encaminhamento para o Centro de Referência de Assistência Social (CRAS) para avaliar a possibilidade de adquirir renda fixa através de programa do governo, além de inseri-lo na Rede de Atenção Psicossocial.

Evolução do caso: segundo atendimento

Subjetivo

João da Silva retorna à UBSF após um intervalo de tempo desde seu último atendimento. Ele relata uma série de novas preocupações e sintomas desde a última consulta. João ainda está em situação de rua, enfrentando os desafios de sua condição.

Ele menciona que vem, dentro do possível, seguindo as orientações recebidas na última consulta sobre higiene alimentar. Além disso, João se queixa de uma piora considerável na dor lombar nas últimas semanas, após um episódio de queda há cerca de quatro meses, que ele não mencionou anteriormente. A dor está afetando significativamente sua qualidade de vida e sua capacidade de realizar atividades diárias.

João também relata uma tentativa de abstinência alcoólica por conta própria, que resultou em irritabilidade, hostilidade em relação a outros moradores e membros da associação de moradores da vila de pescadores, além de sintomas físicos como tremores, suores frios e sensação de desmaio. Atualmente, ele se mantém em contemplação quanto ao uso de álcool e reconhece a necessidade de intervenções para redução de danos (RD).

Além disso, ele menciona ter sido acolhido pela equipe do CRAS e do Centro de Atenção Psicossocial (CAPS) e já iniciou acompanhamento psicológico, embora ainda aguarde atendimento com o médico psiquiatra.

Objetivo

Ao examinar João, observa-se que ele permanece emagrecido. A úlcera neuropática em sua região plantar direita não demonstra melhora, apesar das intervenções anteriores. Além disso, João relata sentir-se menos fraco e fatigado nos últimos tempos.

Resultados dos exames laboratoriais

O hemograma completo confirma a anemia ferropriva, com níveis baixos de hemoglobina (10,2 g/dL) e ferritina sérica diminuída (20 ng/mL); a avaliação da função renal revela uma taxa de filtração glomerular estimada (CKD-EPI) de 32 mL/min, indicando uma progressão da doença renal crônica; as transaminases hepáticas estão elevadas, sugerindo disfunção hepática relacionada ao consumo crônico de álcool.

Avaliação

Lista de problemas atualizada:

- Vulnerabilidade social.
- Síndrome de dependência ao álcool – em contemplação, com tentativa de abstinência e recaída após última consulta.
- Úlcera neuropática: não demonstra melhora, necessitando de avaliação adicional.
- Anemia ferropriva: confirmada por exames laboratoriais, requer tratamento.
- Carência de vitamina B1: associada ao consumo crônico de álcool e possíveis deficiências nutricionais.
- Insuficiência familiar.
- Dor lombar crônica: nova preocupação do paciente, possivelmente relacionada ao episódio de queda.

Abordagem de redução de danos no uso de substâncias

A RD é um conceito sólido na Política de Saúde Mental, Álcool e Outras Drogas do Ministério da Saúde. Essa abordagem inovadora busca promover o cuidado respeitoso com os usuários de drogas, enfatizando os direitos humanos e a integralidade do cuidado e na intersetorialidade, enquanto reconhece as particularidades de cada pessoa.

A RD é uma estratégia que complementa outras abordagens, como a estratégia de controle da demanda e da oferta. Seu foco está nas consequências do uso de substâncias, e não no comportamento em si. Reconhece que, em muitas comunidades, o consumo de álcool persistirá, e o objetivo é reduzir os problemas associados a ele de maneira realista e pragmática, evitando políticas ou estratégias inatingíveis.

Na prática, a RD envolve a substituição de bebidas alcoólicas de alto teor por aquelas com menos álcool, o consumo em ambientes seguros e o planejamento responsável do consumo. Além disso, a disseminação de informações sobre o álcool e a educação do público são estratégias reconhecidas há décadas como eficazes na prevenção de problemas relacionados ao consumo de álcool.

Em resumo, a RD é uma abordagem que visa melhorar a qualidade de vida das pessoas que fazem uso abusivo de substâncias, fortalecendo sua autonomia e promovendo cuidado compartilhado, tudo isso de forma realista e baseada em evidências. É uma ferramenta valiosa para equipes que lidam com essa população, tanto em Consultórios na Rua quanto em Unidades de Saúde.

Hiperparatireoidismo secundário na DRC

O tratamento da DRC se concentra em três aspectos: abordar a causa subjacente, retardar a progressão da doença e gerenciar suas complicações. É importante contar com o acompanhamento de um nutricionista para elaborar uma dieta com restrição de sódio e, em fases posteriores, uma redução mais rigorosa na ingesta proteica, além de um maior controle na ingestão diária de líquidos. Pessoas que enfrentam desafios sociais devido a qualquer motivo devem receber apoio das equipes de assistência social.

A hipertensão arterial é comum em pacientes com DRC e seu tratamento inclui mudanças no estilo de vida e medicamentos anti-hipertensivos, como inibidores da ECA ou bloqueadores do receptor da angiotensina (BRA), dependendo dos sintomas do paciente. Diuréticos podem ser usados para tratar edemas, se presentes.

A doença renal crônica (DRC) desencadeia um mecanismo subjacente envolvendo uma alteração no equilíbrio de fósforo, pelo acúmulo desse mineral devido à redução na capacidade dos rins de eliminá-lo, o que inibe a produção da forma ativa da vitamina D devido à inibição da 1 α-hidroxilase renal, que é essencial para a absorção de cálcio no intestino e sua reabsorção óssea adequada. Desse modo, a perda progressiva de massa renal define redução dos níveis circulantes da forma ativa da vitamina D e uma diminuição na absorção intestinal de cálcio, resultando na hipocalcemia, levando a uma situação em que o organismo, pela ação do paratormônio (PTH), remaneja o cálcio dos ossos, ocasionando hiperparatireoidismo secundário (HPTS), o qual, por sua vez, leva à descalcificação óssea progressiva, acarretando na doença óssea de alto remanejamento.

Em casos de pacientes submetidos à diálise crônica, a retenção excessiva de fósforo pode elevar o produto plasmático cálcio-fósforo a níveis críticos, aumentando o risco de calcificações vasculares ectópicas, que podem ter sérias consequências, incluindo complicações cardiovasculares.

O tratamento do HPTS varia de acordo com o estágio da DRC. Em pacientes que ainda não estão em diálise, o foco é controlar a hipocalcemia, reduzir a ingestão de fósforo e corrigir a deficiência de vitamina D. Para aqueles em diálise, o controle dos níveis de fósforo é essencial, juntamente com o uso de ativadores dos receptores de vitamina D e calcimiméticos.

Os ativadores dos receptores de vitamina D, como o calcitriol, são eficazes na redução dos níveis de PTH, mas têm limitações devido à possibilidade de hipercalcemia e hiperfosfatemia. Já os calcimiméticos atuam no receptor sensibilizante do cálcio, reduzindo a secreção de PTH.

Plano de cuidados

- Úlcera neuropática:
  - Estabelecimento de cuidados para a úlcera neuropática, incluindo a troca diária de curativos na unidade de saúde.
- Doença renal crônica:
  - Educação sobre a importância de seguir as orientações médicas para preservar a função renal.
  - Solicitação de exames adicionais devido à suspeita de hiperparatireoidismo secundário à doença renal crônica, que pode estar desencadeando uma doença mineral óssea e aumentando o risco de fratura vertebral.
- Anemia ferropriva:
  - Suplementação de ferro.
  - Acompanhamento regular para monitorar os níveis de hemoglobina e avaliar a resposta ao tratamento.
- Carência de vitamina B1:
  - Suplementação de vitamina B1 (tiamina) e educação sobre a importância de uma dieta balanceada.
- Etilismo crônico:
  - Exploração de estratégias para apoiar a RD relacionadas ao uso de álcool, com orientações e recursos para minimizar os riscos à saúde, levando em consideração a tentativa anterior de abstinência e seus desafios associados.
- Vulnerabilidade social e insuficiência familiar:
  - Acompanhamento contínuo da equipe do CRAS e do CAPS, incluindo a avaliação psiquiátrica pendente, enquanto já se beneficiou do acompanhamento psicológico.

Evolução do caso: terceiro atendimento

Subjetivo

João da Silva retorna à UBSF e, desde a última consulta, algumas mudanças e novas preocupações foram observadas em seu estado de saúde.

Ele relata que houve uma melhora parcial em seus sintomas gerais. No entanto, ele menciona que começou a experimentar sintomas adicionais, como fraqueza muscular, formigamento nas extremidades e cãibras frequentes. Além disso, ele refere melhora discreta na úlcera neuropática, embora ainda não tenha cicatrizado completamente. João também menciona uma melhora parcial na lombalgia quando está sob efeito de analgesia e miorrelaxantes, mas a dor ainda é um problema significativo.

Objetivo

Ao examinar João, é evidente que sua condição geral apresentou alguma melhora em relação à anemia ferropriva. Os resultados de exames laboratoriais recentes revelam uma melhora parcial na anemia, com níveis de hemoglobina atuais em 11,5 g/dL, sugerindo resposta ao tratamento. No entanto, outros achados são preocupantes: João apresenta hipocalcemia (cálcio sérico de 7,5 mg/dL) e hiperfosfatemia (fosfato sérico de 6,0 mg/dL), indicativos de um possível hiperparatireoidismo secundário associado à progressão da doença renal crônica (DRC).

Além disso, os resultados de uma radiografia recente da coluna lombar indicam uma fratura vertebral de baixo grau (classificação tipo 1 de acordo com a classificação de Denis), o que explica a persistência de sua dor lombar.

Avaliação

Lista de problemas atualizada:

- Vulnerabilidade social.
- Síndrome de dependência ao álcool – em contemplação, com recaída após última consulta.
- Úlcera neuropática: melhora discreta, necessitando de acompanhamento contínuo.

- Anemia ferropriva: melhora parcial, mas requer acompanhamento.
- Carência de vitamina B1: associada ao consumo crônico de álcool e possíveis deficiências nutricionais.
- Insuficiência familiar.
- Dor lombar crônica: persiste devido à fratura vertebral.

- Plano de cuidados etilismo crônico:
  - Continuar com a RD relacionados ao uso de álcool.
- Hiperparatireoidismo secundário:
  - Reduzir a ingesta de fósforo na dieta e iniciar suplementação de vitamina D para abordar a hipocalcemia e hiperfosfatemia, com o objetivo de gerenciar o hiperparatireoidismo secundário associado à DRC.
- Úlcera neuropática:
  - Monitorar de perto a evolução da úlcera neuropática e continuar a troca diária de curativos na unidade de saúde.
- Fratura de vértebra lombar:
  - Avaliação ortopédica para determinar a necessidade de tratamento adicional para a fratura vertebral lombar.
  - Continuar com a analgesia e miorrelaxantes para o controle da dor lombar, com avaliação da resposta ao tratamento.

O terceiro atendimento destaca a melhora parcial da anemia ferropriva, mas também revela novas preocupações, como a hipocalcemia, hiperfosfatemia e a fratura vertebral lombar. O plano de tratamento é ajustado para abordar essas novas questões, mantendo o foco na redução de danos relacionados ao uso de álcool e na gestão das condições de saúde complexas de João.

REFERÊNCIAS BIBLIOGRÁFICAS

1. Antunes RS, Souza APF, Xavier EFP, Borges PR. Parasitoses intestinais: prevalência e aspectos epidemiológicos em moradores de rua. RBAC. 2020;52(1):87-92.
2. Arruda MMA, Figueiredo ME. Anemia por Deficiência de Ferro. In: Zago MA, editor. Tratado de Hematologia. São Paulo: Editora Atheneu; 2013. p. 145-150.
3. Braunstein EM. Anemia por deficiência de ferro. Manual MSD, 2021. Disponível em: https://www.msdmanuals.com/pt-br/profissional/hematologia-e-oncologia/anemias-causadas-por-eritropoese-deficiente/anemia-por-deficiência-de-ferro. Acesso em: 3 ago. de 2023.

4. Custódio MR, Canziani MEF, Moysés RMA, Barreto FC, Neves CL, Oliveira RB, et al. Protocolo clínico e diretrizes terapêuticas para o tratamento do hiperparatireoidismo secundário em pacientes com doença renal crônica. J Bras Nefrol. 2013;35(4):308-22.
5. Edwards G, Marshall EJ, Cook CCH. O Tratamento do alcoolismo: um guia para profissionais da saúde. Porto Alegre: Artmed; 2005.
6. Figlie NB, Bordin S, Laranjeira R. Aconselhamento em dependência química. São Paulo: Roca; 2004.
7. Gualandro SFM. Anemia Ferropênica. In: Martins M de A, editor. Clínica médica, volume 3: doenças hematológicas, oncologia, doenças renais e geniturinárias. 2. ed. Barueri, SP: Manole; 2016. p. 43-49.
8. KDIGO. 2012 Clinical practice guideline for the evaluation and management of chronic kidney disease. Kidney Int Suppl. 2013;3(1):1-150.
9. Lucas GNC, Leitão ACC, Alencar RL, Xavier RMF, Daher EDF, Silva GB Jr. Pathophysiological aspects of nephropathy caused by non-steroidal anti-inflammatory drugs. Brazilian Journal of Nephrology. 2019;41(1):124-130.
10. Manfroni A, Santos ALD. Parasitoses intestinais. In: Tratado de medicina de família e comunidade. 2. ed. Porto Alegre: Artmed; 2019. p. 1491-1498.
11. Porto RA. Hiperparatireoidismo secundário: uma complicação da Doença Renal Crônica. Rev Bras Anal Clin. 2023;55(1):1-84. 29 jan. 2016.
12. Portugal FB, Correa APM, Siqueira MM de. Alcoolismo e comorbidade em um programa de assistência aos dependentes de álcool. SMAD, Rev Eletrônica Saúde Mental Álcool Drog. 2010;6(1):1-13.

Índice remissivo

A

B

C

D

G

H

I

J

T

U

V

Z